Mary Elisa Kinlund

Samverkan

Inom LSS verksamheter och socialpsykiatrin på gott och på ont

Jag hör vad du säger

Förlag: BoD – Books on Demand, Stockholm, Sverige

Tryck: BoD – Books on Demand, Norderstedt, Tyskland

ISBN ÄR 978-91-8027-114-1

INNEHÅLLSFÖRTECKNING

Introduktion

För att vi ska kunna ge varje enskild individ som är i behov av stöd och hjälp, ett liv med goda levnadsvillkor, så tror jag att det är viktigt att vi kan samarbeta och samverka över gränserna. Att den enskilde själv(om denne önskar och kan vara delaktig), personal, anhöriga, vårdkontakter, handläggare och övriga inblandade kan respektera och lyssna på varandra.

Jag har erfarit och sett hur det fungerar bra, men jag har även sett brister i samverkan i mitt arbete. Ibland har det gått ut över den enskilde. Tyvärr får jag säga, att på många arbetsplatser som jag har varit på, så har jag hört någon som klagar och kritiserar personal på daglig verksamhet, personal på boendet eller någon anhörig. Kritik till någon av dem som ger stöd och hjälp till den enskilde. Och visst finns det personal som inte borde jobba inom LSS, visst finns det "jobbiga" anhöriga och handläggare som inte har kunskap om funktionshinder och inte borde fatta beslut om den enskilde. Jag har också erfarit och sett hur det brister på nära håll, vilket har gett konsekvenser. Jag har också träffat på många som värdesätter samverkan och som uppmuntrar varandra, ger stöd och förståelse över gränserna. Det värmer hjärtat.

Det är tråkigt när man hör att inte alla är öppna för att lyssna på varandra och inte vill ta emot viktig information, som kan gynna den enskilde. Jag har också erfarit att personal pratar högt och nedlåtande om den enskildes anhörige, över dennes huvud. Vi är många som måste tänka på hur vi bemöter både den enskilde, men också varandra i samverkan. Nyligen berättade en kvinna som utbildar och föreläser om bland annat autismspektrumtillstånd och bemötande, att biståndshandläggare som tar beslut, har blivit erbjudna gratis föreläsningar. Trots det, så är det få handläggare som kommer på föreläsningarna. Jag frågade också en handläggare vid ett tillfälle, om hen hade utbildning kring olika funktionshinder. Svaret var nej. Hen hade juristutbildning. Det borde vara krav på att biståndshandläggare och dess chefer, ska ha stor kunskap/ erfarenhet/ utbildning, om de funktionshinder de stöter på hos olika individer, som de ska bevilja insatser för. Den kunskapen saknas tyvärr hos en del handläggare och chefer idag, vilket ibland blir tydligt i deras beslut av insatser.

Jag ska skriva och berätta om andras erfarenheter av samverkan, med inslag av egen erfarenhet i ämnet. Det jag berättar är på riktigt, taget ur det riktiga livet. Namnen på alla dem som nämns i boken är inte deras riktiga namn.

Jag kommer blanda berättelserna med lagar, med kunskap som jag har fått genom studier och erfarenheter. Jag vill säga att ibland finns det inget rätt eller fel, när man har med människor att göra. Alla är olika och vissa situationer kan vara svåra att lösa. Ofta upplever och tycker vi människor olika, men jag skriver utifrån den erfarenhet jag har och de människor jag varit i kontakt med. Jag ska försöka skriva på ett lättsamt sätt, blandat med de känslor som kan medfölja i vissa situationer.

”Jag hör vad du säger”:

Det är ett uttryck som används flitigt nu för tiden. Jag hörde det första gången för några år sedan och har hört det sägas vid flera tillfällen av helt olika personer. Exempelvis av handläggare och av chefer. Det verkar vara ett modernt uttryck.

Det är jätte bra ord, men vad är betydelsen av dem? När man hör någon säga ”jag hör vad du säger”, så tänker man först att det är något bra. Någonting kommer göras. Förväntningarna blir höga och man tror att personen i fråga ska ta tag i det aktuella ärendet och lösa eventuella problem. Sen blir det inte alltid så. När det inte blir så, då tappar man förtroendet för personen. Personen är inte längre trovärdig och det kan skapas en irritation om personen använder samma uttryck igen, utan att göra någonting åt den aktuella situationen.

Man kan då uppleva att det blir tomma och verkningslösa ord. Svårast är det när personer med en ansvarsfull roll, exempelvis chefer, beslutsfattare, använder de orden. Man kan uppleva att uttrycket är ett sätt att byta ämne eller att avsluta en konversation. Till och med ”att komma undan”.

För dem personer som verkligen ”hör vad man säger” och tänker göra något åt den aktuella situationen, så är uttrycket jätte bra. De visar att de har hört vad man har sagt och handlar utifrån det. Då blir det trovärdigt.

1 – Varför är samverkan viktig? Vilka konsekvenser kan det bli av en icke fungerande och en fungerande samverkan?

Det är viktigt att man lyssnar på varandra, vågar och kan lyfta viktiga frågor. Vi behöver lyssna, ta varandra på allvar, kunna diskutera för och nackdelar, för att komma fram till den bästa lösningen för den enskilde.

Den enskilde kan drabbas hårt:

- Om inte myndigheten som tar beslut om insatser, har kunskap om funktionshinder och inte tar reda på och förstår vad den enskilde är i behov av.
- Av allas vår prestige och tron om att vi vet vad som är bäst i alla lägen, utan att samverka och ta reda på fakta.
- Av att vissa ger eller utför insatser utifrån en förtryckt mall, en viss policy, eget tyckande, av ekonomiska själ och inte individuellt.
- Av att vi ibland för ofta, ibland för sakens skull, ska förändra(kan vara nödvändigt och bra vissa gånger), effektivisera, omorganisera och dra in personal, för att tänka ekonomiskt och spara pengar.
- Av att vi inte kan samarbeta och samverka.

Vi kan vända på steken och nämna det som lättare kan gynna den enskilde:

- Att det ska vara vissa krav på att handläggare och chefer inom LSS ska ha utbildning, erfarenhet och kunskap om olika funktionshinder, så det finns en förståelse för de individer de ska möta och ta beslut åt.
- Att alla som är involverade i den enskilde respekterar dennes intressen, önskemål och behov av tid, stöd och hjälp. Att det görs en individanpassad planering av varje insats.
- Att vi låter verksamheter få en trygg och stabil grund, som måste få ta tid att bygga upp. Att lyssna på personalen, som arbetar på "golvet" och sakta bygger vidare från en fungerande grund.
- Att vi som arbetar försöker behålla det som fungerar bra för den enskilde och arbetar vidare utifrån det. Att vi gör förändringar när det verkligen behövs och är nödvändigt, för att det ska bli till det bättre för den enskilde.
- När vi alla kan samarbeta och samverka, så gynnar det den enskilde, men också alla andra involverade. Vi alla spar tid, energi och pengar, när förutsättningar finns för att rätt beslut och insatser ges i tid. När

personalen förstår och kan börja arbeta för att hitta ett fungerande arbetssätt och metod, redan från början.

Den enskilde som vi arbetar med drabbas, om vi inte lyssnar på varandra och behöver gå omvägar. Den som behöver ditt och mitt stöd, din och min hjälp och ett respektfullt, omtänksamt bemötande varje dag, kan drabbas hårt och kan få leva med en psykisk eller fysisk ohälsa stora delar av sitt liv på grund av att samverkan brister, inte rätt insatser beviljas, om inte förståelse och fungerande arbetssätt finns. . En del klarar inte av att leva vidare. Tyvärr är det så det ser ut för flera personer som är beroende av LSS insatser och insatser inom Socialpsykiatrin.

2 – Lagar och Evidensbaserad praktik

LSS – LAGEN(1993:387) OM STÖD OCH SERVICE TILL VISSA FUNKTIONSHINDRADE

LSS är en rättighetslag som klargör att den enskilde som tillhör lagens personkrets har rätt att bli beviljade vissa av de insatser som ingår i lagen om behov finns och om behovet inte tillgodoses på något annat sätt(Larsson och Larsson, 2022, s.11).

1§ LSS, anger vilka personer som kan få beviljat insatser utifrån lagen. Det finns tre personkretsar och personen måste tillhöra någon av dessa för att få insatser enligt LSS. Här beskrivs personkretsen:

Personkretsen

1§ LSS: Denna lag innehåller bestämmelser om insatser för särskilt stöd och särskild service åt personer:

1. med utvecklingsstörning, autism eller autismliknande tillstånd,
2. med betydande och bestående begåvningsmässigt funktionshinder efter hjärnskada i vuxen ålder föranledd av yttre våld eller kroppslig sjukdom
   eller
3. med andra varaktiga fysiska eller psykiska funktionshinder som uppenbart inte beror på normalt åldrande, om de är stora och förorsakar betydande svårigheter i den dagliga livsföringen och därmed ett omfattande behov av stöd och service(Larsson och Larsson, 2022, s. 23).

Vidare beskriver lagen vikten av att personen ska få inflytande och självbestämmande i sitt liv.

I 6§ Lagen om stöd och service för vissa funktionshindrade står det att verksamheten ska vara av en god kvalitet. Den ska i samarbete bedrivas med andra berörda myndigheter och samhällsorgan. Verksamhetens grund ska ta hänsyn till och ha respekt för den enskildes självbestämmande och integritet. I så stor utsträckning som möjligt ska den enskilde ges inflytande och medbestämmande över insatser som ges. I verksamheten ska kvaliteten utvecklas och säkras systematiskt och fortlöpande(Larsson och Larsson, 2022, s. 37).

I Lag (2005: 125) står att det ska finnas den personal som behövs i verksamheten för att den enskilde ska få en god service, ett gott stöd och en god omvårdnad(Larsson och Larsson, 2022, s. 37).

Den enskilde ska ha rätt till inflytande och medbestämmande, först vid planeringen och utformandet av insatsen. Sedan också vid själva genomförandet av insatsen(Larsson och Larsson,

2022, s. 38).

Enskildes rätt till en individuell plan

10§ I samband med att en insats enligt denna lag beviljas ska den enskilde erbjudas att en individuell plan med beslutade och planerade insatser upprättas i samråd med honom eller henne. Den som har beviljats en insats ska när som helst kunna begära att en plan upprättas, om det inte redan har skett. I planen ska även åtgärder redovisas som vidtas av andra än kommunen eller regionen. Planen ska omprövas fortlöpande och minst en gång om året.

Regionen och kommunen ska underrätta varandra om upprättade planer. Lag(2019:883).

De personer som beviljats en eller flera insatser enligt LSS ska, som framgår ovan, erbjudas en individuell plan. Planen utgör ett viktigt underlag för planeringen av det stöd som ges till den enskilde och ska beskriva såväl beslutade som planerade insatser med kortsiktiga och långsiktiga mål. En plan kan rymma fler insatser och även redovisa åtgärder som vidtas av andra aktörer än kommunen eller regionen. Exempel på sådana åtgärder kan vara planeringen av en ung persons skolgång. Planen ska ständigt omprövas, minst en gång om året. Denna bestämmelse har funnits i LSS sedan lagen trädde i kraft men sedan den 1 januari 2011 har rätten till en individuell plan gjorts tydligare.

Socialstyrelsen betonar att den individuella planeringen är av avgörande betydelse för den enskildes inflytande över det stöd som ges. Det är särskilt viktigt för personer med flera olika typer av funktionsnedsättningar. Med individuell plan avses här en plan för beslutade insatser eller åtgärder som upprättats på begäran av och tagits fram i samråd med den enskilde som har beviljats insats enligt LSS. Den enskildes behov, önskemål och förutsättningar ska vara styrande för planen och den ska innehålla ett antal mål för insatserna. Den enskilde ska kunna få överblick och en känsla av sammanhang och inflytande över sin livssituation. Vidare ska det vara tydligt vem som ansvarar för vad och hur målen ska nås. En person som har insatser enligt LSS, men som har tackat nej till en plan tidigare, kan när som helst aktualisera en plan på nytt. Syftet med planen är att klargöra den enskildes behov av insatser samt underlätta samordningen mellan de olika organ som den enskilde får stöd av.

I andra stycket stadgas att kommunen och regionen ska underrätta varandra om upprättade planer. Detta är särskilt viktigt när det är regionen som ansvarar för rådgivning och annat personligt stöd enligt 9 § 1.

När olika myndigheter kommunicerar är offentlighets- och sekretesslagens bestämmelser tillämpliga. Det krävs således ett samtycke från den enskilde för att lämna ut den individuella planen till en annan myndighet. Detta gäller dock inte när utbyte av planer mellan kommun och region sker eftersom lagen uttryckligen ålägger dessa parter att underrätta varandra om planer som är upprättade.

I 14§ åläggs kommunen ett särskilt samordningsansvar för alla insatser till den enskilde, även insatser som tillhandahålls av andra organ. Samordningen syftar till att ge bästa möjliga stöd till personer med funktionsnedsättning(Larsson och Larsson, 2022, s.119-120).

FN KONVENTIONEN

Myndigheten för delaktighet, MFD(2020), beskriver FN´s konvention, om de rättigheter som personer med funktionshinder har och att Konventionen trädde i kraft i Sverige 2009. I innehållet kan man läsa om de Allmänna principerna. Att principerna genomsyrar konventionen och finns att läsa vidare om i artikel 3. Principerna är: tillgänglighet, jämställdhet, individuellt självbestämmande, lika möjligheter, deltagande och inkluderande i samhället.

EVIDENSBASERAD PRAKTIK

Socialstyrelsen(2019) skriver att evidensbaserad praktik betyder att den professionelle använder sig av flera kunskapskällor, då det ska tas beslut kring en individ och att kunskapskällorna är:

- Den bästa tillgängliga kunskapen
- Personens egna önskemål och erfarenhet
- Personens omständigheter och situation
- Professionell expertis.

Källor:

Litterartur:

Larsson, Monica och Larsson, Lars G(2022). LSS 2022: Stöd och service till vissa funktionshindrade. Komlitt

Elektroniska:

Myndigheten för delaktighet(2020). *Uppföljning av funktionshinderspolitiken.*

https://www.mfd.se/resultat-och-uppfoljning/kunskapsunderlag/funktionshinderspolitikens-utveckling/uppfoljning-av-funktionshinderspolitiken/ [2022-03-12]

Socialstyrelsen(2019). Evidensbaserade modellen - Kunskapsguiden.

https://kunskapsguiden.se/omraden-och-teman/verksamhetsutveckling/evidensbaserad-praktik/Evidensbaserade-modellen/ [2022-03-12]

3 – Samordnad individuell plan, SIP och Individuell plan, IP och Fast vårdkontakt.

Vad är en SIP och när kan man använda sig av en SIP?

SIP är förkortning på Samordnad individuell plan och kan erbjudas då individen har behov av insatser från både hälso- och sjukvården och från socialtjänsten. I 2 kap. 7§ Socialtjänstlagen(2001:453), SOL och 16 kap. 4§ HSL, finns bestämmelser om IP, som ibland har benämningen SIP. Individen bör få skriftlig information och ta del av planen där det ska framgå vilka insatser som behövs. Vilka insatser som varje huvudman ska ansvara för. Vilka åtgärder som ska tas av andra än kommunen och landstinget och vem som kommer att ha det övergripande ansvaret av de involverade huvudmännen(Socialstyrelsen, 2017, s. 25). Den samordnade individuella planen ska innehålla de insatser som kommunen har ansvar för och de insatser som landstingen har ansvar för, om det ska vidtas åtgärder av andra aktörer och det ska stå om landstinget eller kommunen har det övergripande ansvaret för planen(Socialstyrelsen, 2017, s. 37).

På Vårdguiden 1177, kan man läsa att du enligt lag, kan ha rätt till en SIP och att det är din hemkommun och region som tar ansvar för att det görs en SIP, om du önskar det. Vidare att du kan ha nytta av en SIP, om du har kontakt med exempelvis socialtjänsten, äldreomsorg, sjukvården, psykiatrin och skola. Du kan själv bjuda in personer du önskar ska vara med på SIP mötet, förutom de som blir inbjudna av den som ansvarar för mötet.

En SIP innebär bland annat det här:

- Du kan prata med flera personer vid samma tillfälle.
- Du kan berätta vilka behov som finns och få olika förslag på lösningar.
- Du kan fråga och direkt få svar på vem som kan hjälpa till med vad.
- Alla får samma information och vet vad de andra gör. Risken för missförstånd minskar.
- Du får möjlighet att vara delaktig i viktiga beslut.
- Du får veta vem som har det övergripande ansvaret.
- Du och dina närstående får veta vad som förväntas av er, och får en chans att ställa frågor till dem som är ansvariga för hjälpen.

Det är du som bestämmer om du önskar att ändra något i planen och du kan avsluta en SIP när som helst.

På ett SIP-möte får du träffa de personer som har ansvar för att du ska få den hjälp du behöver. Du får koll på vem som kan hjälpa till med vad, och vem som har det övergripande ansvaret. De som blir inbjudna till ett SIP-möte måste komma, även om du inte har något stöd eller hjälp just nu. Du kan även bjuda in andra viktiga personer. Det kan till exempel vara en stödperson eller kontaktperson, en släkting, en vän eller ett personligt ombud. Det är bra om dina närstående är med, och får möjlighet att ställa frågor till dem som har ansvaret. De kan också vara ett stöd för dig under mötet, och hjälpa till att förklara vad du behöver för hjälp och stöd. Den som håller i mötet ska anpassa situationen så mycket som möjligt så att det fungerar för dig och dina närstående.

Ni ska komma överens om att göra en plan om detta:

- Vilket behov av stöd har du idag?
- Vem kan erbjuda stöd och tar ansvar för att du får det?
- Vem tar det övergripande ansvaret för din SIP?
- När och var ska planen följas upp?
- Ska planen avslutas eller behövs det fler möten?

Behövs fler möten ska samordnaren besluta om tid för nästa möte, och se till att alla vet vem som gör vad i fortsättningen. Fråga:

Hur kan jag förbereda mig inför mötet?

Ibland kan det vara bra att prata med samordnaren innan hen bjuder in till mötet. Då kan ni tillsammans planera och diskutera vilka som ska bjudas in.

Det kan också hjälpa samordnaren att hålla i mötet på ett bra sätt, om hen vet mer om vad du tycker är viktigt.

Du kan fundera över detta:

- Vad vill jag att mötet ska leda till?
- Vilka vill jag ska vara med på mötet?

- Kan jag få hjälp med anteckningar på mötet?
- Hur långt kommer mötet att vara?
- Hur gör jag om jag vill avbryta mötet, till exempel för en paus?
- Hur gör jag om jag inte håller med om det som bestäms på mötet?
-

Skriv ned erfarenheter och fundera på frågor

Skriv gärna ned hur du har upplevt det stöd du har haft hittills, och hur du vill att det ska vara i framtiden. Det kan hjälpa dig att förbereda dig inför mötet, och kan även vara ett stöd för dig under själva mötet.

Det är bra att få svar på dina frågor på mötet. Förbered dig gärna så att du inte glömmer något viktigt.

Särskilda behov eller önskemål

Meddela den som bjuder in till SIP-mötet om du har något särskilt önskemål om tider eller möteslokal, om du behöver hjälp med tolk eller hjälpmedel under mötet.

Om du behöver kan du fråga om någon kan stanna kvar en stund efteråt, ifall du behöver gå igenom vad som sades och beslutades på mötet.

Vad kan jag tänka på som närstående?

Du som närstående kan vara med som ett stöd för den det gäller. Du kan hjälpa till på SIP-mötet genom att ställa frågor, anteckna och komma ihåg vad som sägs. Försök att se till att de som är på mötet hela tiden fokuserar på det som är viktigt för den det gäller.

Du kan också hjälpa till att beskriva sådant som personen behöver hjälp med, men kanske har svårt att uttrycka själv. Det är samtidigt viktigt att den som mötet handlar om får prata klart, och inte blir avbruten.

När det gäller ett barn

Som vårdnadshavare eller annan viktig vuxen kan du hjälpa till genom att se till att barnet eller tonåringen får komma till tals och känner sig trygg under mötet.

Det är viktigt att hen hela tiden får uttrycka sin mening och att alla som är med på mötet lyssnar på vad hen tycker.

Viktigt att alla förstår vad som sägs och beslutas

Det är viktigt att den som planen gäller förstår vad som sägs och beslutas på mötet. Säg till SIP-samordnaren om du tycker att något behöver beskrivas med enklare ord.

Anpassa mötet vid särskilda önskemål

Det är viktigt att mötet anpassas för den som planen handlar om. Vill hen exempelvis inte vara med på hela mötet eller svara på frågor, ska den som leder mötet anpassa mötet efter hens önskemål.

Den det gäller kan då vara med på en del av mötet eller uttrycka sina åsikter på något annat sätt, genom att till exempel skriva ner dem och låta någon annan framföra dem.

Det viktiga är att den som får en SIP känner sig delaktig på det sätt som hen önskar.

Dina rättigheter

För att du ska kunna vara delaktig i din vård och behandling är det viktigt att du förstår informationen. Ställ frågor om du inte förstår. Att kunna påverka och delta i din vård är en rätt som styrs av patient lagen.

Även barn ska vara delaktiga i sin vård. Det finns ingen åldersgräns när ett barn får vara med och bestämma. Barnets rätt att bestämma själv hänger ihop med barnets mognad. Ju äldre barnet är desto viktigare är det att hen får vara delaktig och själv deltar i diskussioner och beslut. Det blir särskilt viktigt under tonåren(2021).

Vad är en individuell plan och när kan man använda sig av en IP?

Här beskrivs en individuell plan igen, eftersom det är ett viktigt dokument för den enskilde.

I § 10 LSS(Lagen om stöd och service för vissa funktionshindrade), står att när en person fått en eller flera insatser beviljade, ska denne bli erbjuden att få en individuell plan upprättad, utifrån beviljade eller planerade insatser. Individen kan när som helst begära en individuell plan, även om hen har tackat nej från början. Planen ska även innehålla åtgärder som aktörer, utanför kommunen och landstinget har ansvar för. Varje år ska planen omprövas, men ska ses över under hela året. Kommunen och Landstinget har ansvar att meddela varandra om upprättade planer.

Planen ska fungera som ett underlag för det stöd som den enskilde är beviljad. Den kan användas för att beskriva kortsiktiga och långsiktiga mål i planerade och beslutade insatser och beskriva individens önskemål, intressen, förutsättningar och behov som ska vara tydliga i planen, utifrån individens önskan. Den kan innehålla flera insatser, som utförs av kommun, landsting och andra aktörer.

Det är av stor betydelse för individen, då den individuella planeringen är avgörande för att individen ska få inflytande över det stöd individen ska få. Meningen är att individen ska få möjlighet att vara delaktig genom att själv få planera egna önskemål kring insatserna som beviljats enligt LSS eller att företrädare får föra individens talan vid behov, om samtycke finns.

Individen ska få en överblick av sin livssituation och få en känsla av sammanhang. I planen ska man kunna läsa vem som har ansvar för vad och även hur individen ska kunna nå sina mål.

Planens syfte är att klargöra individens behov av insatser och att hjälpa till med samordningen av involverade aktörer som individen får sitt stöd av.

Kommun och Landsting ska meddela varandra då de har upprättat en individuell plan för individen. Offentlighet och sekretesslagens bestämmelser gäller då olika myndigheter kommunicerar med varandra. Det behövs samtycke av individen, om planen ska lämnas ut från kommun och Landsting, till annan myndighet(Larsson och Larsson, 2022, s. 119-120).

Vad är skillnaden mellan en Samordnad individuell plan, SIP och en Individuell plan, IP?

Skillnaden mellan en SIP och en IP, är att SIP styrs av SOL och HSL.

IP styrs av LSS 10§.

En SIP är en verksamhetsplan, som upprättas av kommunen eller landstinget, då en individ behöver stöd av båda dessa huvudmän och eventuellt från andra instanser(Lewin, 2011, 2019, s. 165).

SIP underlättar och tydliggör då individen får se hur ansvaret fördelas mellan hälso- och sjukvården och socialtjänsten och visar på vem som ska göra vad(Socialstyrelsen, 2017, s. 37-39). Samverkan ger trygghet, då individens möjligheter att få rätt insatser ökar.

IP är inte en verksamhetsplan, utan individen får vara delaktig och tillsammans med företrädaren bestämma innehållet i den individuella planen.

Planen ska ha individens intressen och önskemål om hur insatserna ska utföras i fokus.

IP ska främja individens medbestämmande och inflytande, utifrån 6§, LSS(Larsson och Larsson, 2022, s. 37) och delaktighet utifrån 5§, LSS(Larsson och Larsson, 2022, s. 36).

Fast vårdkontakt

Vårdguiden, 1177 skriver:

> Är du sjuk och har många besök i vården kan du få hjälp av en person inom vården som hjälper dig med dina vårdkontakter. Det kallas för en fast vårdkontakt. Det är den person du ska kontakta för att få veta vad som planeras i vården för dig.
>
> **Du kan begära en kontaktperson**
>
> Har du behov av en fast vårdkontakt och inte redan fått en sådan person utsedd kan du själv begära att få en sådan. Du kan begära att få en kontaktperson på ett ställe som har vårdansvar för dig. Det är verksamhetschefen som har ansvaret för att utse din fasta vårdkontakt. Verksamhetschefen ska ta hänsyn till vem du vill ha som fast vårdkontakt.
>
> Din fasta vårdkontakt är ibland någon annan hälso- och sjukvårdspersonal än läkare eller sjuksköterska. Det kan till exempel vara en undersköterska, fysioterapeut eller kurator. Ibland kan en fast vårdkontakt bestå av flera personer som samarbetar kring att hjälpa dig.

Du ska vända dig till verksamhetschefen på din vårdcentral om du inte får en fast vårdkontakt utsedd.

Vad gör en fast vårdkontakt?

En fast vårdkontakt hjälper dig på olika sätt. Med en fast vårdkontakt ska du kunna få hjälp och stöd på olika sätt. Exempel på det är följande:

- Du ska känna dig trygg i dina kontakter med vården och omsorgen
- Du ska få samordning så att du får rätt vård på rätt plats när du behöver det. Det är särskild viktigt om du har flera sjukdomar.
- Du ska ha en person som du kan kontakta för att fråga om vad som händer och vad som planeras i din vård.
- Du ska få information om dina rättigheter i vården så att du förstår att du kan delta i och påverka din vård(2021)

Källor:

Larsson, Monica och Larsson, Lars G(2022). LSS 2022: Stöd och service till vissa funktionshindrade. Komlitt

Lewin, Barbro (2011, 2019). För din skull, för min skull eller för skams skull? Om Lss och bemötande. Författaren och studentlitteratur AB 2011, 2019, Lund

Socialstyrelsen(2017). Om fast vårdkontakt och samordnad individuell plan. Nationell vägledning.

https://www.socialstyrelsen.se/globalassets/sharepoint-dokument/artikelkatalog/vagledning/2017-10-25.pdf [2022-01-07]]

1177 Vårdguiden(2021). *Samordnad individuell plan – SIP.*

https://www.1177.se/sa-fungerar-varden/sa-samarbetar-vard-och-omsorg/sip---samordnad-individuell-plan/ [2022-01-04]

1177 Vårdguiden(2021). *Fast vårdkontakt – din hjälp i vård och omsorg.*

https://www.1177.se/sa-fungerar-varden/sa-samarbetar-vard-och-omsorg/fast-vardkontakt---din-hjalp-i-vard-och-omsorg/ [2022-04-10]

4 – Olika personers erfarenheter samverkan inom LSS.

1 Som anhöriga och personal inom LSS, så vill Louise och Johan dela sina tankar kring samverkan och önskan att göra skillnad

Vi heter Louise och Johan och jobbar inom LSS med personer inom autismspektrumtillstånd. Vi har även en närstående som har autism. Vi umgås både privat och i våra yrken med personer som har en funktionsnedsättning. Vi känner mycket starkt för dem vi möter och gläds över det lilla vi kan göra i våra möten. Samtidigt som vi många gånger försöker blunda då vi ser hur det brister för många. Det gör ont. Vi vill inte blunda. Vi vill göra skillnad och försöker göra det på flera sätt. Här skriver vi bara lite kort om vad vi anser om att samverka.

Vi upplever ibland att det kan behövas mer förståelse för varandra, att vi inte ska se varandra som fiender. Att vi ibland kan behöva sänka kraven på oss själva, lägga bort prestige och "jag-vet-bäst" tänket. Ibland finns inget rätt och fel, men vi kan behöva hitta en lösning på problem, så det blir bra för den enskilde. Vi kan behöva ödmjuka oss och bli bättre på att försöka lyssna på varandra och hjälpas åt och samarbeta. Det gäller oss alla, anhöriga, personal inom olika verksamheter, handläggare, chefer, politiker, ibland vårdkontakter.

Vi har erfarit på arbetet och även privat att viktig information om en brukare inte alltid kommer fram till beslutsfattare. Att det finns brister i att dokumentera och att föra fram viktig information, som kan vara avgörande för att den enskilde ska få rätt stöd och hjälp insatser och rätt bemötande för att kunna tillgodose sig sin hjälp. Vi har sett det i våra arbeten och erfarit det privat.

Vi har upplevt att det finns personal som förminskar behoven hos en individ. De tycker att personen ska klara mer själv, trots att den inte har förutsättningarna och förmågan att göra det. Ibland berättar och dokumenterar personalen bara det som fungerar bra för individen och inte det som brister. I båda fallen finns risken att de som ska fatta beslut inte får rätt bild av personen och då blir inte heller besluten av insatserna rätt. Erfarenheten visar att vissa gånger kan personalens ord väga tyngre än den enskilde eller en anhöriges ord. Den enskilde kan drabbas hårt av det och då drabbas ofta också anhöriga hårt, som måste ta över ansvaret på vissa områden. För många blir det en ond cirkel. Författaren Mary, har även skrivit en bok om hur det kan vara, som anhörig, att kämpa för den enskildes rättigheter. Där kan man också läsa om vad socialstyrelsen skriver om anhörigas rättigheter och även om stöd och hjälp som finns för anhöriga.

Vi anser att det är viktigt att all personal vågar förmedla till handläggare och att man dokumenterar, om en person exempelvis inte äter eller kan tillgodose sig hjälp eller inte får rätt hjälp utförd. Även om den enskilde är beviljad för lite tid, så att utföraren inte hinner med alla sysslor, så är det viktigt att dokumentera det. Det är viktigt att handläggaren få veta det. Tyvärr lyssnar och förstår inte alla handläggare och beviljar därför inte mer tid, har det visat sig.

Personal ska göra Lex Sarah anmälan vid missförhållanden, men erfarenheten visar att den inte alltid följs upp och tas på allvar, av alla verksamheter. Eller att det inte alls görs anmälningar, även om det ibland skulle behövas. Vi upplever att det finns verksamheter som kan ha svårt att medge att de har fel och brister och att det ska se bra ut, utåt sett. Det händer också att handläggare blundar för Lex Sarah och inte följer upp och inte tar tag i problemen om dem kvarstår. Vi tror att det är en stor fara och att den enskilde i de här fallen kan ta stor skada. Alla har rätt att få ett värdigt liv med goda levnadsvillkor, oavsett vilken diagnos man har.

Vi har erfarenhet av att personer inom Autismspektrumtillstånd ibland faller mellan stolarna. Det händer att en del som har Autism och som ligger på en hög intellektuellt nivå blir missförstådda. Det är inte säkert att de som har en verbal förmåga och ett rikt ordförråd, förstår innebörden av en konversation och dess konsekvenser. En del har ett dåligt minne och kan inte behålla den information de tagit emot eller gett. I de fallen, så kan personal och handläggare, med för lite personkännedom om den enskilde, göra missbedömningar. De kan tro att personen klarar mer än vad denne gör, vilket kan leda till för höga krav och att handläggare ibland tar felaktiga beslut av insatser. I de här fallen, så behöver den enskilde stöd i att kommunicera och föra sin talan av en som står nära och känner personen väl. Då är det av vikt att personal och handläggare tar till sig informationen de får, även om den enskilde inte alltid kan förmedla den själv.

Erfarenheten visar att det ibland är lättare att ge och bevilja hjälpinsatser till någon som har en synlig funktionsnedsättning. Även att en del som har en intellektuell funktionsnedsättning kan ha en vilja att klara och kan klara mycket själv, medan en del som även har Autism eller bara en Autistisk diagnos, kanske inte gör det. Eller tvärtom. Alla är olika, har olika uthållighet och vill och kan olika saker. Vissa personer vill klara av allt själv och behöver då få respekt för det och få rätt hjälp och anpassning, utifrån det. Personalen kan då behöva ta flera steg tillbaka vid behov och arbeta med händerna på ryggen och låta personen utföra sina sysslor själv, så gott det går. Personalen behöver ödmjukt gå in och ge stöd och hjälp, när det visar sig behövas.

Erfarenheten visar att de som har Autism, ofta har en känslighet utöver det vanliga, vilket kan medföra att de kan behöva anpassningar på grund av sociala svårigheter och andra känsligheter, rädslor, fobier och tvång, som en del lider av. Många behöver mycket tid och hjälp för att genomföra sina dagliga sysslor och de behöver förståelse, rätt bemötande, hjälpmedel och rutiner, för att kunna genomföra dem. En del kan behöva ha viss personal som kommer för att de ska kunna ta emot hjälp.

För att få en helhetsbild och en förståelse för varje individ, så är all samverkan viktig, som alltid utifrån den enskildes samtycke.

2 Elsas tankar om hur man kan använda SIP respektive IP i arbetet med den enskilde inom LSS.

Jag heter Elsa, och har arbetat på boende, som personlig assistent och daglig verksamhet. Jag tycker det är jätte viktigt att det finns SIP och IP, då det många gånger behövs samordning för att individen ska få rätt insatser. En del klarar inte själv att samordna sina kontakter och då behövs SIP och IP för att individen ska få mer inflytande över de olika insatserna.

Jag har arbetat med och har lite erfarenhet av brukare som har IP. Jag har haft en del möten kring IP på min arbetsplats. Jag tycker det är viktigt att personal får läsa och lära sig mer om syftet med IP och SIP.

Jag har haft möten med personal från daglig verksamhet, handläggare, boendepersonal och anhöriga. Ibland har individen själv, God man och även tolk vid tillfälle varit med.

Jag anser att samverkan behövs, då man kan diskutera hur man kan förbättra för individen, vad som fungerar mindre bra respektive mycket bra.

Under samverkans möte med boende, anhöriga och daglig verksamhet, har vi pratat om exempelvis hur vi skulle ge stöd så att en individ ska kunna börja använda ett hjälpmedel, för att kommunicera mellan boendet, anhöriga och daglig verksamhet. Bland annat introducerades en Iphad, som blev till stor hjälp, som vi lagt in som ett mål i personens IP.

Vid ett annat möte, träffades daglig verksamhets personal, boende personal och pedagog från Habiliteringen, då en utredning skulle göras av Habiliteringen, för att en brukare skulle få rätt hjälpmedel till daglig verksamhet. Vi på daglig verksamhet hade en hel del kontakt med HSLsköterskorna då det fanns viss osäkerhet, när deltagaren skulle få sin behovs medicin. I det fallet, så fick vi kontakta sköterskan ofta, då individen hade perioder som var tunga och provade olika mediciner. Vi hade mycket kontakt och möten kring den deltagaren, med personal på boendet, HSL-sköterskan och anhöriga.

Vi får ofta kommunicera med handläggare och de medverkar ofta vid möten, då anhörig eller individen önskar det. Ibland önskar anhöriga förstärkning från oss, i mötet med handläggare. Att vi berättar i detalj hur individen fungerar på daglig verksamhet, vilket stöd och hjälp som individen behöver hos oss.

Jag vill också lägga till att vi ordnar så det finns samtycke från brukaren mellan de personer som behöver samverka med varandra, då en deltagare börjar hos oss. Det ska finnas aktuell samtyckes blankett i pärmen, med vilka personer vi får samverka och kommunicera med.

Om inte samverkan fungerar, så tror jag det kan påverka individen negativt. Vi behöver hjälpas åt och dela information om individen för att kunna göra ett bra arbete och för att individen ska få en bra miljö och bra tillvaro i hemmet och på daglig verksamhet. .

Jag tror att samverkans möten är av stor betydelse för individen själv och anhöriga, för att få en trygghet och ordning i sina insatser. Som personal lär man sig mycket i kontakt med de olika aktörerna och det blir ett stöd för mig som personal, när det exempelvis behöver diskuteras kring hjälpmedel, hantering av medicin, bemötande i olika situationer osv. Jag tror vi har mycket att lära av varandra vid samverkan.

Jag har tänkt en hel del och även pratat med personalen där jag arbetar kring en brukare, som har mycket olika mediciner, bland annat höga doser lugnande, vilket påverkar och förändrat hens beteende och möjlighet att utföra aktiviteter och skulle behöva en medicinsk utredning. Individen har tidigare varit mer aktiv och mer delaktig, när vi har gjort vissa aktiviteter eller utflykter. Nu upplever vi att dagarna på daglig verksamhet blir mer som en "förvaring". Vi tar promenader och försöker prova olika aktiviteter både i och utanför verksamheten. "Bra dagar" så är personen med och kastar boll och har förmågan att vara "närvarande". Mindre bra dagar, så upplever jag att personen är mer "i sig själv", i sin egen "bubbla" och har då svårt att hitta fokus och vara delaktig. Hen har då svårigheter att äta sin mat och får stress symptom som "kräkningar".

Vi har diskuterat personens mängd av mediciner och att det skulle behövas en samverkan kring personen. Jag kommer prata mer med mina kollegor och rådgöra med vår chef, om vi kan kontakta God man och ordna ett SIP möte, där aktuella involverade kan vara närvarande på mötet. Vi har haft flera möten med anhöriga, God man och handläggare tidigare, men som det varit under en längre period så behöver Psykiatrin, som vi vet är inkopplad också medverka. Vi vet inte hur uppföljningen ser ut kring individens medicinering.

Det var lite av min erfarenhet kring samverkan på mina tidigare och nuvarande arbetsplatser./ Elsa

3 Lennart berättar om ett lyckat SIP-möte

Jag heter Lennart och har jobbat på flera olika dagliga verksamheter inom LSS. På en verksamhet där jag jobbade som vikarie, så hörde jag att mina kollegor hade pratat mycket negativt och illa om en speciell anhörig. Personalen satt ibland på högtalaren på telefonen, så alla, både deltagare på verksamheten och all personal kunde höra vad den anhörige sa. Den anhörige blev inte meddelad att högtalaren var på och att alla på verksamheten hörde vad hen sa. Det var en hets kring denne anhörige och personalen talade mycket negativt om den anhörige också framför den deltagare, som var närstående till den anhörige. Jag blev väldigt illa berörd av sättet mina kollegor behandlade anhöriga och boendepersonal. De kunde göra likadant, när de pratade med personalen på ett av boendena som vi hade kontakt med flera gånger i veckan kring en annan deltagare. Det var ofta jag fick höra att det var fel på anhöriga och på boendepersonal och att de gjorde fel.

Jag var ganska ny på den här enheten och vågade inte säga ifrån. Den här verksamheten var inte så lätt att jobba på. Personalen hade jobbat ihop sig och det fanns inte så mycket utrymme för att komma med idéer. Ett par i personalen pratade ibland på sitt eget språk med varandra, vilket gjorde att det blev ett utanförskap för andra som kom dit och jobbade. Det var flera vikarier som i ett senare skede, anförtrodde sig till mig och berättade att de kände ett utanförskap, när de jobbat där. Chefen tyckte att den här enheten var en av de bättre enheterna, vilket inte gjorde det lättare att ta upp det som man själv såg och hörde och inte tyckte var bra.

Jag vill bilda mig en egen uppfattning om anhöriga, boendepersonal och övriga kontakter vi har i arbetet.

Deltagaren till den "jobbiga anhörige" hade mått dåligt under en period och skulle byta verksamhet. Det var ett möte med handläggare, personalen på daglig verksamhet, arbetsledare, stödpedagog, anhörig och deltagaren. Mötet hade gått hett till och det hade varit pajkastning, fick jag höra efteråt. Jag var inte med på mötet, eftersom jag inte blivit fastanställd och jobbade som vikarie då.

När det beslutats att deltagaren skulle flytta över till en annan enhet, så frågade chefen om jag ville jobba där. Jag tyckte om att jobba med den här deltagaren och jag hade inte några problem med dennes anhörige, så jag svarade ja.

Kort efter flytten skulle det vara ett SIP-möte igen.

Jag och en vikarie som jag jobbat mycket med, satt oss och gick igenom vad vi kunde ta upp på mötet. Hon frågade om inte jag kunde leda samtalet från vår sida, vilket jag sa ja till.

Det var arbetsledare, stödpedagog, handläggare, tolk, anhörig, deltagaren, jag och min kollega, som var med på mötet. Jag hade våra punkter nedskrivna och utgick från dem. Jag ställde många frågor, som jag kom på under tiden. Jag frågade hur hen var hemma? Vad hen tycker om? Klarar av? Ser hen på tv? Bakar hen? Har det hänt att hen försvunnit ute, vad gör ni då? Vi fick ett mycket bra samtal. Stödpedagogen, arbetsledaren och jag skrev ner information, som vi fick av den anhörige. Vi kom på idéer till nya aktiviteter under mötet. Jag gick ut i hallen och sa hej då och tackade för mötet, när vi var klara. Stödpedagogen tackade för att anhörig hade berättat så mycket.

Min chef, stödpedagogen och arbetsledaren sa att det här var ett helt annat möte än det de hade sist. Då det hade varit pajkastning mellan personal och anhörig. Min chef sa att det mötet varit jätte jobbigt och hen hade haft ångest och mådde dåligt efter det mötet. De konstaterade att det här mötet var något helt annat. Stödpedagogen sa att jag hade ställt bra frågor.

Det kändes skönt att ha fått ett bra möte och att ha fått ge den anhörige stöd och förtroende, så denne kunde öppna sig och berätta positiva och viktiga saker, information som var till värde för oss, för att kunna ge deltagaren bra dagar på daglig verksamhet.

För mig är det viktigt att ha respekt för dem jag har kontakt med i mitt arbete och jag tror det är en förutsättning för att det ska bli bra för de brukare och deltagare jag arbetar med under dagarna.

4 Isabella berättar utifrån tankar och känslor, om ett mindre bra SIP möte och den mejl-kontakt som följde efteråt

Jag heter Isabella och är 49 år. Jag har en vuxen dotter som har diagnos lindrig Intellektuell funktionsnedsättning, Autism och Adhd.

Nyligen hade vi ett SIP möte angående vår vuxna dotters olika frågor om ett eget boende, men också frågor om andra insatser som hon är i behov av, som berör hennes utveckling och för att komma vidare i hennes vuxna liv. Jag hade frågor att ställa till chefen för biståndshandläggaren, som varit delaktig i min dotters ärenden och tagit flera beslut genom åren och önskade att hon kallades till mötet. Hon ville inte delta och gav ansvaret till en handläggare som tagit över dotterns ärenden för ett par månader sedan. Handläggaren hade visat på en sådan oförståelse under de månaderna, så att specialpedagogen på Habiliteringen tyckte att jag skulle anlita ett juridiskt ombud och att vi skulle ha ett möte.

Jag frågade mitt försäkringsbolag om min försäkring täcker kostnader för juridiskt ombud. De sa att den gör det om det är ärenden som finns i tingsrätten och hovrätten, dock inte in förvaltningsrätten och kammarrätten, dit ett par av min dotters ärenden har kommit, efter att vi överklagat. Habiliteringen hade gett förslag på att man kan kontakta Fub, som har ombud att få hjälp av gratis. Jag skrev till alla ombud på listan. Några svarade att jag skulle försöka få ett ombud som representerade min egen ort. Det var svårt, då denna representant redan hade många ärenden. Efter ett par veckor, så fick vi ett samtal med en man, Gösta, som bodde på en annan ort. En mycket klok äldre man, som varit ombud länge. Vi fick tips om att begära en individuell plan, IP på SIP mötet, vilket vi gjorde. Annars var det för kort tid, för att sätta in ett ombud i dotterns ärende.

SIP mötet blev inte till vår dotters fördel. Hon orkade själv inte vara med, utan jag och hennes pappa var med, utifrån hennes samtycke. Samtalet handlade om och satte fokus på insatser som dottern själv inte kan ta till sig. Det fanns ingen lyhördhet för dotterns önskan, behov och förutsättningar. Även om ledsagaren, vi och Logoped fört dotterns talan och intyg fanns med, så lyssnades det inte på.

Efter SIP mötet, mådde jag och min man inte bra.

Vi fick ingen reaktion från någon, när vi berättade att insatsen hemtjänst bara täcker timmar för frukost och lunch. Att hemtjänsten inte har tid att göra middag eller några andra sysslor som ska ingå i insatsen. Logopeden och ledsagaren vittnade också om att Siv behöver tid för att äta, rätt konsistens och att någon behöver sitta med vid måltider. Då räcker inte 10-20 min. att laga mat, sitta med, diska och föra matdagbok/ måltid.

Jag och min man beslutade oss för att skicka frågorna till handläggarens chef(som inte önskade vara med på mötet, men tagit beslut åt dottern under flera år) och samtidigt lägga allt åt sidan. Vi kan inte göra mer.

Frågor till handläggaren och dess chef: (flera mejlvändor, där frågeställningarna ändras och svar ges efter vart under samma rubriker)

Mejl 1:

Hej Karin!

Vi har mejlat frågor till dig och handläggare tidigare, men inte fått svar på alla frågor. Eftersom du inte kunde vara med på SIP mötet, så mejlar vi dig frågorna istället och önskar att få svar på våra frågor via mejl(konfidentiellt) och gärna brevledes, så snart som möjligt under den här månaden. Frågorna är kring S´s situation i nutid, framåt och även några år tillbaka. Vissa frågor kommer eventuellt vid flera tillfällen, i samma eller olika sammanhang.

Mejl 2:

Hej Karin!

Jag har fyllt i kommentarer och frågor med grönt(syns inte i boken) och önskar även svar på de frågor som är ställda tidigare, som inte är besvarade i det här mejlet.

Vi önskar mer ingående svar kring S´s specifika situation och inte allmänna svar.

Du har varit insatt i S´s ärenden i flera år, vilket inte handläggaren har varit, därför behöver vi få svar från dig i flera frågor.

Vi skrev i mejlet att du kan skicka det konfidentiellt, så du kan svara ingående på alla frågor. Vi tänker att om kommunen kan yttra sig i olika frågor, så kan kommunen säkert svara på frågorna i samtliga ärenden.

Vi har skrivit och sagt det förut. Vi kämpar inte för S´s rättigheter för att vi tycker att det är roligt eller för att vi vill bråka. Det tar mycket onödig tid för oss och för er. Vi försöker hjälpa henne för att det ska bli bra för henne, för att vi älskar henne och ser alla hennes styrkor och intressen, som vi en dag hoppas får blomma ut. Vi kämpar för att de år hon inte fått rätt hjälp har satt sina spår och hon har tappat mycket av sig själv, vilket inte hade behövt ske om hon hade fått rätt hjälp och förståelse i ett tidigare stadium.

Alla borde ha erfarenhet av personer med funktionshinder för att fatta beslut om deras insatser. Det är människor, många gånger mycket känsligare än vi själva som vi har att göra med. Att inte ha någon som helst makt att påverka till att ens barn ska få ett bra liv är fruktansvärt och vi är inte ensamma. Att se någon må dåligt av uteblivna och/ eller felaktiga insatser både psykiskt och fysiskt... som vi pratat om. Ju längre tid det tar att få rätt insatser för en person, desto svårare och längre tid tar det för att det blir bra. När personer motarbetas, så hinner svårigheterna för den enskilde bli ändå större och många mår ändå sämre. Det kostar samhället mycket onödiga pengar.

Även i dessa frågor, så blir det upprepningar, eftersom svaren kommer ur olika sammanhang.

Hoppas efter tre års kamp att S ska få förståelse och rätt hjälp från och med nu.

I = Isabella, mina uttalanden och frågor

K = Chefen till handläggarens kommentarer och svar

BOENDESITUATIONEN

1

I:

Varför fortsatte kommunen under två år att hänvisa till att Service boendet N, skulle utföra sitt uppdrag, när boendet nekade till att det var deras jobb att hjälpa S att utföra sina dagliga sysslor åt henne?

K:

Beslutet om bostad med särskild service för vuxna verkställdes på N boende. Med detta menas att S var placerat på det boendet.

I:

Jag frågar så här i stället.

S fick inte den hjälp hon behövde på boendet, Varför lyssnade ni inte på det vi försökte förklara och gjorde något åt saken? Exempelvis pratade med boendet eller gav S en annan insats istället? Det var inte vår skyldighet som anhöriga att jobba, istället för boendets personal.

2

I:

Vem hade ansvaret att hjälpa henne under de två åren som hon bodde där och att ta hennes parti, så hon skulle få rätt hjälp?

K:

Personalen på boendet hade ett uppdrag att hjälpa S med de behov som beskrevs i beställningen. I personalens roll ingår inte att ta ngns parti.

I:

Med parti menade jag att någon måste ta ansvar för att S skulle få sina behov tillgodosedda. Jag frågar istället, var det boendets ansvar eller kommunens ansvar att se till att hon skulle få rätt hjälp och sina behov tillgodosedda?

3

I:

Vad tror kommunen, hade hänt med henne om inte vi hjälpt henne, när boendet nekade att hjälpa henne och hon inte fick anpassad hjälp och inte åt sina måltider?

K:

Boendet och dess personal hade ett uppdrag att hjälpa S även om ni föräldrar utförde många moment.

I:
Vi vill gärna se det uppdraget som boendet fick. Se ovan. Det var inte vår skyldighet att arbeta istället för personalen. Vems var ansvaret att S skulle få rätt hjälp och sina behov tillgodosedda?

4

I:

Varför reagerade inte kommunen och varför tog inte kommunen S på allvar och gjorde någonting, när det var stora missförhållanden på N´s serviceboende, där hon bodde? De(boendets personal) gjorde en Lex Sarah i början november och meddelade då handläggaren på kommunen.

K:

Kommunen ska följa upp insatser minst en gång per år. Alla kontakter där synpunkter på insatsen är framförda dokumenteras. Om en Lex Sarah anmälan har gjorts är syftet att undanröja missförhållanden samt åtgärda dessa. S har erbjudits andra bostäder i form av gruppboende där det finns högre personaltäthet men inte tackat ja till dessa.

I:

Boendet undanröjde och åtgärdade inte missförhållandena och det meddelade vi till handläggaren. Varför gjordes ingenting, som gynnade S den gången, så hade hon kanske inte behövt flytta hem till oss igen. S erbjöds först en utsluss lägenhet som vi också såg som ett alternativ, sedan ändrade sig kommunen och sa att det är gruppboende som gäller. Jag vill nu fråga, när S har sagt att hon själv önskar att bo på ett gruppboende? Varför tror du vi har försökt förklara att det inte passar för henne och att hon inte vill bo på ett gruppboende, när det hade varit det enklaste alternativet för oss?

Handläggaren sa den gången att N var kommunens bästa serviceboende. Hur ser då de andra boendena i kommunen ut?

5

I:

Varför reagerade inte ni på kommunen och gjorde någonting, när Ledsagaren(som dottern fick tillbaka med några timmar efter 8 månader) gjorde en oros anmälan till sin chef, efter att hen besökt S vid flera tillfällen på Service boendet under våren(ca 5 månader efter att Lex Sarah gjordes)?

K:

Handläggare har haft kontakt med boendet efter det har funnits oro mot Covid. Fått svar gällande riktlinjer avseende skyddsutrustning.

I:

Här förstår jag inte vad du syftar på. Orosanmälan var gjord av ledsagaren, då S inte fick sina behov tillgodosedda. Hon åt inte mat, fick inte rätt hjälp, hon mådde psykiskt dåligt av den behandling hon fick på boendet. Varför gjorde inte kommunen något åt situationen då?

6

I:

Varför hände ingenting, trots Lex Sarah och oros anmälning som gjordes på grund av brister på boendet och att det gick ut över S´s välmående och hälsa?

K:

S har erbjudits annan form av boende, med större personaltäthet. S har även fått personal som var endast avsedda för att stötta S.

I:

Du får gärna detaljera svaret. När kom den hjälpen in och i vilken omfattning? Hon fick aldrig någon hjälp i den omfattningen hon behövde, som gjorde att hon fick en bra tillvaro på boendet. Ledsagaren gick in ett par gånger för att ge hjälp. Det fanns inte tid så det räckte. Tänker du på någon annan personal som var avsedd för henne?

7

I:

Varför har kommunen i alla år, fortsatt att hålla fast vid att S ska flytta till en gruppbostad, då det aldrig har varit hennes egen önskan? Det är fel målgrupp för henne.

K:

S har bedömts ha rätt till bostad med särskild service för vuxna enligt 9 § 9 LSS. Om behovet av stöd inte kan tillgodoses genom serviceboende pga att behovet har ökat är alternativet ett gruppboende. I ett serviceboende bor personer som förväntas klara av ett eget boende med mindre stöd än personer som bor i ett gruppboende.

I:
Om både gruppbostad och servicebostad är fel för S, så som ovanstående beskrivning visar på om man utgår från hennes egen vilja, vad kan ni då erbjuda?

8

I:

Varför har hon inte blivit erbjuden en boendeform och insatser, som passar för henne?

K:

Se ovan

I:

Du får gärna svara mer detaljerat och ge ett individuellt svar utifrån hennes situation.

9

I:

Vi har frågat flera gånger och frågar igen vad ni kan erbjuda henne för boendeform som kommer fungera för henne?

K:

Se ovan

I:

Du får gärna svara mer detaljerat och ge ett individuellt svar utifrån hennes situation.

10

I:

Efter att handläggaren hörde S säga att hon inte vill bo på grupp och serviceboende, så avslutade kommunen hennes beslut gällande bostad med särskild service. Vad kan kommunen erbjuda istället?

Jag har också frågat vid flera tillfällen om det finns service boenden som kan individanpassa utan att ställa krav och om S kan få behålla ledsagare och kontaktperson. Det sistnämnda har ni svarat att hon kan få behålla det en period..

Det går inte att "chansa" att S ska flytta igen och att det blir fel en gång till.

K:

Insatser enligt LSS är frivilliga. Bostad med särskild service enligt 9 § 9 LSS omfattar stöd med fritidsaktiviteter och kultur samt ger möjlighet till sociala situationer.

I:

För S så handlar det om att få behålla de få sociala kontakter som hon har haft utanför sin familj. Det har redan tagits ifrån henne en gång. Som tur var så kunde en av ledsagarna få börja igen, medan den andra försvann ur hennes liv, efter 17 år. Hen gick upp i tid på sitt ordinarie arbete. Som förklarat så har S svårt att knyta nya kontakter och är i behov av att ha några hon är trygg med, som hon kan få anförtro sig till. På service boendet, så "jobbade personalen bort sig" och hon tappade förtroendet för personalen som var där.. (en-två hade hon först börjat få förtroende för). Det blev så på grund av att boende personalen skulle arbeta utifrån boendets policy, som chefen sa och inte kunde individanpassa.. personalen uttryckte själv att de arbetade utifrån vad chefen sa skulle gälla... Hon hade till slut ingen att anförtro sig åt. Det var bland annat därför ledsagaren sedan gjorde en oros anmälan(när han återanställdes)... S mådde mycket dåligt och pratade om att hon inte ville leva, vilket vi också påtalade ett antal gånger... hoppas ni förstår att det var allvar..?

Även allvaret i hur hon mår idag, då hon har tappat en stor del av sitt matintag under tiden hon bodde på boendet.

11

I:

Finns det service boenden i kommunen som kan individanpassa och att kommunen sedan kan komplettera med andra insatser om det behövs?

K:

Det stödet som kan ges av serviceboenden planeras utifrån det individuella behoven. En person som bor på ett serviceboende ska få stöd med saker som den inte klarar av att göra själv men har möjlighet att få göra saker själv som den klarar av. På ett serviceboende finns begränsade möjligheter att ge stöd dygnet runt.

Insatsen kompletteras vanligtvis med daglig verksamhet.

I:

Det hade varit bra om du/ handläggaren hade gått in och berättat det för service boendets chef. Det var inte det bemötandet hon fick och det har vi påtalat ett antal gånger på ett tidigt stadium, för er, hur boendet brast i sitt arbetssätt, vilket gjorde att S inte kunde ta emot hjälp, då kraven blev för höga och de hotade med att hon inte skulle få hjälp om hon inte hjälpte till själv, oavsett dagsform.

I de fall anhöriga försöker föra den enskildes talan, så tas det ibland inte på allvar och det blir de anhöriga som är "jobbiga" och "svåra". Jag vill fråga dig, hur vi anhöriga skulle kunna göra för att "föra S´s talan", utan att bli missförstådda av utförare/ handläggare?

12

I:

Kommunen talade om för oss att S kan meddela när hon är redo för att flytta till en gruppbostad eller ett service boende(för att kunna flytta hemifrån).

Med den erfarenhet som S har nu, när tror kommunen då att hon kommer känna sig redo?

K:

Detta kan inte kommunen svara på.

I:

Förstår att det är svårt att svara på, men förhoppningsvis förstår ni att det krävs oerhört mycket för att S ska våga flytta igen. Och vi vet inte hur vi ska kunna försöka få henne att flytta till en gruppbostad, då hon inte själv vill och inte heller till en service bostad, om vi inte vet att hon får rätt hjälp och förståelse där.

Hur kan ni garantera att det kommer bli bra och rätt för S vid nästa flytt?

13

I:

Vad tror kommunen att det behövs för stödinsatser, för att S ska "bli redo" och vilja flytta igen?

K:

Om behovet av stöd inte kan tillgodoses genom hjälp i hemmet kan boende vara en mera lämplig insats.

I:

Jag tror du missuppfattat frågan, eftersom hon inte vill flytta till ett gruppboende.

"hjälp i hemmet" i kombination med andra insatser, hade varit en mer lämplig insats för S. Frågan var hur hon ska bli redo att våga flytta igen?

14

I:

S´s rädsla att flytta har blivit värre efter den erfarenhet hon hade på serviceboendet, hur "botar" man det?

Idag vill S inte flytta hemifrån alls.

K:

Detta kan inte kommunen svara på

15

Hyresvärden godkänner inte henne att bo kvar själv på grund av hennes låga inkomst. Vi ska flytta ut.

I.

Hur löser vi det?

K:

Frågor om sjukersättning/aktivitetsersättning/bostadstillägg hänvisas till försäkringskassan. Vissa hyresvärdar har gräns för lägsta inkomst.

16

I:

Vad tror kommunen att det krävs idag för att hjälpa henne att påbörja, utföra och avsluta en flytt?(tog 6 mån. för 3 år sen)

K:

Detta kan kommunen inte svara på. För att ansöka om ekonomisk stöd för flytt ta kontakt med försörjningsstöd.

I:

Vi tror inte att försörjningsstöd kan hjälpa S i den här frågan. Det behövs trygga personer runt henne som kan hjälpa till och vara med att stötta både psykiskt och fysiskt, för att få till en flytt igen.

17

I:

Vilka ska hjälpa henne med alla moment vid en flytt?

K:

Det är möjligt att ansöka om ekonomisk bistånd till flytthjälp via försörjningsstöd.

I:

Se fråga 16

DAGLIG VERKSAMHET

18

I:

Varför beviljas insatsen daglig verksamhet, om inte S får förutsättningar att komma iväg till verksamheten?

K:

S har ansökt om daglig verksamhet då hon uppfyller kriterier för insatsen. Daglig verksamhet är en frivillig insats.

I:

Även om insatsen är frivillig, så behöver förutsättningarna finnas för personen att komma iväg. S är inte beviljad tid med hjälp i hemmet, för förberedelser inför att komma iväg till daglig verksamhet. Vi har bett om den tiden flera gånger, men S har inte blivit beviljad den tiden, det var därför hon inte kunde säga ja till att börja på daglig verksamhet. Hemtjänsten har själva meddelat till handläggaren att tiden hon har beviljat räcker till frukost och lunch.

Varför kan hon inte få den tid och hjälp hon behöver för att komma iväg till en verksamhet?

19

I:

Hur får hon förutsättningar för att gå på en verksamhet, med allt vad det innebär av förberedelser osv?

K:

S har beviljats hjälp i hemmet där ingår moment för förberedelser. Turbundna resor möjliggör resan till och från daglig verksamhet

I:

se svaret fråga 18

20

I:

Har kommunen några tips och idéer hur man kan lösa så att S kan komma iväg till en verksamhet?

K:

Se ovan

I:

Vi behöver ett konkret svar på frågan, och en planering för hur hon ska komma iväg.

Om S inte svarade ja till den dagliga verksamhet hon tittade på i början av året, så skulle hon placeras automatiskt på kommunens dagliga verksamhet.

21

I:

Finns inte möjligheten idag att titta på olika verksamheter och välja själv?

K:

S har möjlighet att välja daglig verksamhet bland de företag som ingår i LOV i kommunen. På kommunens hemsida finns möjlighet att läsa om vilka företag som är i LOV:

I:

Det är också vad vi har läst, men vi fick meddelande om att S skulle placeras ut automatiskt på kommunens dagliga verksamhet, om hon inte svarade ja till den verksamhet hon tittat på, inom en vecka. Eftersom hon inte fick förutsättningar för att gå (se fråga 19) så kunde vi inte säga ja och hon kan inte påbörja någon verksamhet så som hennes förutsättningar ser ut.

S´s insatser i form av daglig verksamhet och turbundna resor avslutades nyligen, på grund av att S inte har förmågan att tillgodose sig insatserna.

Kommunen skrev att S är välkommen att ansöka om insatserna när hon känner sig redo för att använda dem.

22

I:

Tror kommunen att hon någonsin kommer att kunna använda dessa insatser utan rätt förutsättningar?

Vi har vid flera tillfällen berättat att S behöver personal och tid för att förbereda sig när hon ska komma hemifrån, att hon behöver en trygg person som kan vara med henne i starten för att kunna påbörja en verksamhet.

K:

S uppfyller kriterier för att beviljas daglig verksamhet så länge hon inte studerar eller arbetar.

I:

Varför kan hon inte få den tid och hjälp hon behöver för att komma iväg till en verksamhet?

HEMTJÄNST

23

I:

Hur kommer det sig att S får ungefär 20 timmar mindre hemtjänst idag, än för tre år sedan och ungefär 20 timmar mindre ledsagning än för tre år sedan? Hon får ungefär 40 timmar mindre hjälp varje månad, än för tre år sedan. Hon behöver mer hjälp och är känsligare idag, än då.

Anhöriga har ingen skyldighet enligt lag, enligt socialstyrelsen, att hjälpa närstående, på grund av uteblivna insatser. Det ska vara frivilligt. Det är myndighetens skyldighet att se till att den enskildes behov tillgodoses genom att få rätt hjälp och stöd insatser.

K:

Beslutet är baserad på den nuvarande situationen och bedömningen

I:

Vet och förstår ni hur det nuvarande situationen ser ut för S, utifrån det vi har försökt beskriva under de sista tre åren? Om ni haft förståelse och sett hennes behov och att hon bara sitter hemma under dagarna, om inte vi tar med henne ut på helgen, när vi har möjlighet, så hade ni tagit helt andra beslut än vad ni

har gjort hitills. Exempelvis hennes behov av sjukgymnastik en gång i veckan, har hon inte fått tillgodosedda på tre år(det räcker inte ledsagartimmarna till), även att komma till dietist, läkare, tandläkare, Habiliteringen, göra något roligt/ handla osv. Vi har meddelat att det behövs insatser för att täcka alla S´s behov. Det har vi meddelat sedan hon flyttade hemifrån, så vi ska kunna släppa taget.. som socialstyrelsen skriver, så är det inte en skyldighet vi som anhöriga har att ge hjälp. Vi gör det för att vi inte klarar att se hur dåligt S mår, när hon inte får rätt insatser och hjälp från kommunen.

För tre år sedan hade hon beviljad tid för att få gå en promenad efter lunchen (2-2 1/2 timmes lunchtid. Nu är hon beviljad ca 10-20 minuter lunchtid(laga mat, sitta med, diska och föra matdagbok). Nu har hemtjänsten tagit bortom alla andra sysslor utom frukost och lunch och handling 1 gång i veckan), för att hon ska hinna äta. Det finns ändå inte tid kvar till någon promenad. De är hos henne kl. 11-12 för att göra lunch och ungefär 45 min till frukost. Det ska täcka alla S dagliga behov. Alla måltider(3-4), all hjälp med hygien, handling, tvätt och städ. Tiden räcker som sagt till frukost, lunch och handling en gång i veckan.

24

I:

MEN om man ser att någon inte får hjälp, vad gör man då?

K:

I första hand ska personen prata med sin utförare och planera hur stödet ska utformas. Kontakta handläggare för att diskutera situationen.

I:

Vi har pratat med alla utförare genom åren. Boendet som utförare slog bort det vi sa och det vi alarmerade om, till de själva gjorde en Lex Sarah på sig själva, vilket de inte åtgärdade. (se ovan).

De som utför hemtjänsten nu, har anpassat allt de kan för S´s skull. De har verkligen lyssnat och försöker. Hon har bara kunnat ta emot två personal från hemtjänsten än så länge och de två fungerar jätte bra. Vi har sagt att vi är tacksamma för det och jag tror de förstått den känslighet S har på grund av tidigare erfarenheter av viss personal.

Att tiden inte räcker för S idag, det kan inte hemtjänsten påverka. De försökte genom att prata med handläggaren. Men det gick inte. Handläggaren har inte tagit det på allvar.

Vi har också diskuterat alla situationer med handläggare och dig i alla frågor, som i S´s fall, vad gör man då, om man inte får respons av varken utförare eller handläggaren i vissa situationer?

25

I:

Hur ska vi kunna motivera S att flytta hemifrån, med den tid för hemtjänsten som hon har beviljat idag, om hon ska flytta till en egen bostad?

K:

Hemtjänst är en vanlig insats för personer som bor själv. Insatsen kan inte jämföras med ett boende.

I:

Idag ska vi arbeta utifrån att sätta personens behov i centrum, då tror jag det är viktigt att se till varje persons individuella behov, vilket för flera personer med autism eller andra funktionshinder inte passar in i mallen av ett boende.

Har jag förstått rätt om en person som har insats hemtjänst, även kan få ledsagning, kontaktperson och bostöd och ev. andra insatser samtidigt?

En mix av detta, där S kan välja sin personal kan vara ett alternativ till att få en fungerande vardag. Vad tror du om det?

När hemtjänsten bad om mer timmar nyligen eftersom tiden inte räcker för S, så menar kommunen att hon inte kan få det på grund av att vi har överklagat antalet hemtjänst timmar.

K:

En omprövning kan inte göras om beslutet är överklagat till högre instans

26

I:

Vad skulle vi annars ha gjort, när vi redan från början såg att timmarna inte räcker?

Hemtjänsten skulle för några veckor sedan börja utföra alla sysslor i insatsen hemtjänst. Den beviljade tiden räcker bara till att de utför frukost och lunch, vilket är det de utför nu. De meddelade oss att de inte har tid för att göra middag åt S och meddelade även handläggaren.

K:

I beslutet har bedömningen gjorts vad som anses vara en skälig tid för att utföra hjälpen.

I:

Se svar och fråga under fråga 23

Här kommer också en fråga: hur ska vi kunna "bevisa" att S behöver tid och anpassning vid alla sina matsituationer, trots att logoped, dietist, hemtjänsten och ledsagare har uttalat sig om vad hon behöver i form av tid, anpassning av tillagning av matens konsistens osv?

27

I:

Vem ska då hjälpa S så hon får middag, när inte tid för hemtjänsten finns?

K:

Det är viktigt att utföraren håller sig till de tidsramar som finns för den beviljade insatsen. Detta för att personen ska få hjälp med sina behov.
I:

Om personalen håller sig till tidsramen, vilket de provade, då hinner de inte laga mat, sitta med och S hinner inte äta... samma problem som på boendet. Maten står kvar orörd. Skillnaden är att hemtjänsten har reagerat och prioriterat att hon får i sig frukost och lunch...

Hur ska de då göra för att S ska få hjälp med alla sina behov? Hemtjänsten utför och arbetar inte gratis, vilket förväntas att anhöriga ska göra, även om de ropar på hjälp om fler och utökade insatser.

28

I:

Har inte alla rätt att få sina dagliga måltider?

K:

Ja

I:

Då behövs också förutsättningar för det, annars blir en del utan mat.

Hon kommer aldrig att kunna flytta hemifrån, om hon inte får rätt insatser.

PERSONLIG ASSISTANS

K:

Detta beslut har överklagats och domstolen har hanterat ärendet. Kommunen diskuterar inte detaljerna via mail. Utredningen har kommunicerats på sedvanligt sätt.

I:

De här frågorna önskar vi också svar på. Jag bad handläggaren om att du kunde skicka svaren konfidentiellt, så alla frågor kan besvaras i ett mejl. Eftersom kommunen har yttrat sig i frågorna, så tror vi att kommunen även kan svara på våra frågor.

29

I:

Eftersom de som tar de slutgiltiga besluten i kommunen aldrig har träffat S och menar i yttranden att S kan kommunicera själv(utan hjälp av en tredje person), med okända människor, myndigheter och vårdkontakter, så vill vi veta och se var kommunen har läst eller fått den informationen ifrån?

30

I:

Var har kommunen fått information och läst att hon kan ta emot viktig information, förstå, bearbeta och föra vidare informationen på egen hand, utan en tredje person som hjälp? Läkarutlåtanden säger något annat, än att hon klarar av att kommunicera själv och utföra sysslor och annat själv.

31

I:

Var har kommunen fått och läst information om att S genomför momenten personlig hygien, matsituationer, vid ledsagning och hushållssysslor självständigt utan praktisk hjälp?(Hon kan inte ta initiativ själv för att tillgodose sig mat eller att sköta hushållet eller inköp, kan inte utföra hushålls sysslor/ inköp själv, känner inte hunger, kan inte laga mat, kan inte föra sin talan i mötet med okända människor, för inte samtal i telefonen med okända människor och mycket litet med kända människor, behöver hjälp att sköta hygienen)

32

I:

Vad menar kommunen med att S kan sysselsätta sig(klarar sig själv under dagarna) och kan kommunicera själv, som kommunen skrivit i yttranden?

33

I:

Varför har kommunens beslutsfattare, inte kommit hem och besökt henne och pratat själv med henne och gjort observationer?(som vi bjudit in till)

34

I:

Varför har kommunen inte tagit S´s behov på allvar, trots all information och förklaringar, som kommit fram genom åren från henne själv(de gånger hon suttit med), anhöriga och professioner och även kommunens tidigare utredningar?

35

I:

Varför tror kommunen att vi anhöriga fortsatt kämpa och lägga tid och kraft, för att S ska få personlig assistans, då det skulle varit mycket lättare för oss att bara låta henne flytta till ett boende?

36

I:

Eftersom kommunen inte anser att S är i behov av assistans, vad anser kommunen då att hon är i behov av och vilka förslag på insatser som kan fungera har kommunen då(inte gruppboende)? Hon har stort behov av att själv få välja sin personal. Erfarenheten visar att hon inte kan tillgodose sig sin hjälp, om hon inte är trygg med personalen. Hemtjänsten har hittat två personal som fungerar, sedan i december, dvs på fyra månader. De har sett och förstått att det är så och försöker anpassa. Att det är svårare nu beror på de erfarenheter S har haft under lång tid med olika personal och framför allt de sista åren.

37

I:

Finns det serviceboenden som kan anpassa vilken personal som ska jobba där, utifrån den enskildes önskemål? Det vill säga, att få prova sig fram med den personalen som arbetar där, men vid behov anställa ytterligare personal som kan fungera.

38

I:

Varför tänker kommunen göra en anmälan till överförmyndaren, om att det finns ett behov av ställföreträdare för S?(vi förklarade att det inte var aktuellt för stunden, men att tankar finns så småningom, om rätt person som känner S väl, dyker upp)

39

I:
Vilka fördelar tror kommunen att det för med sig för S´s skull?

40

I:

Skulle hon bli beviljad rätt insatser för henne, om någon annan än oss företräder henne?

Som det är nu, så är det hennes egen vilja att vi företräder henne.

NIVÅBEDÖMNING

K:

Nivåbedömning handlar om bedömning av omvårdnadsbehovet. Det är en diskussion mellan kommunen och utföraren. Information om stödbehovet framkommer även från utredningen. Nivåbedömning görs inte i alla insatser.

I:

Eftersom vi inte förstår hur kommunen kunde göra en bedömning av en 2a på S så önskar vi att få ta del av den utredningen som ligger till grund för den bedömningen. Finns möjlighet till det? Det är viktigt att utföraren får rätt information om vilken hjälp personen behöver och vad denne klarar själv. Det är viktigt att information om vilken hjälp, bemötande och tid en person kan behöva finns med.

41

I:

Vilken information utgick kommunen ifrån den 24/11-21 för att få fram att S ligger på nivå 2? Det stod att jag varit delaktig vid upprättandet, trots att jag har inte varit med då kommunen har gjort en nivåbedömning på S. Då hade nivåbedömningen sett helt annorlunda ut.

42

I:

Vilken utredning, bedömning och information utgick kommunen ifrån då de skrev uppdraget till utföraren/ service boendet, N.., som S flyttade till för tre år sedan?

43

I:
Vilken nivå låg hon på då?

Vi har bett om utredningar som låg till grund för flytten, men inte fått det.

K:

Handläggaren har skickat alla de begärda handlingar och dokumentation som ni har begärt

I:

Vi fick inte de utredningar som låg till grund för flytten, men hittade den här hemma. Vi önskade utredningar från 5 år tillbaka i tiden, men fick endast ett par år och de papperna hade vi kvar här hemma. I dagsläget behövs inte skickas fler utredningar, utan det räcker med det jag skrivit att vi önskar här i mejlet.

44

I:

Vi hittade utredningen i vår pärm och undrar hur uppdraget ser ut?

Vi vill gärna ta del av det uppdrag som service boendet N.. fick från kommunen, för att se var det brustit. I utredningen som kommunen gjort står det tydligt vad S behöver hjälp med. Den hjälpen fick inte S under de två åren hon bodde på N´s boende. De nekade henne hjälpen, eftersom de sa att det inte är deras jobb att utföra sysslorna åt henne. Vi vill se var det har gått fel, så det inte sker igen.

DIVERSE FRÅGOR

K:

Kommunen kan inte svara på alla era frågor tyvärr som ni har med i denna mail.

När det finns pågående insatser ska kommunen följa upp dessa minst en gång per år. S är välkommen att ansöka om insatser när hon vill ta emot dessa eller ha nytta av dessa.

I:

Som vi skrivit i ovanstående frågeställningar, så kommer inte S kunna ta emot insatser om det inte är utifrån hennes förutsättningar. Om det inte är utifrån hennes förutsättningar, så kan hon inte "vilja" ta emot. Hon har redan fått så mycket motgång och dåliga erfarenheter, som påverkat henne hårt, som försvårar för henne att komma vidare. Därför är det viktigt att det blir rätt för henne framöver. Om inte rätt insatser erbjuds, så kan hon inte säga ja och ta emot och ha nytta av de insatserna. Vad gör hon då?

45

I:

Vad är det för fördel för S´s del att hon ska ansöka om insatserna på nytt, istället för att göra en uppföljning innan?

46

I:

Bara vi vet varför och vad det innebär för S? så ingenting blir sämre för henne.

47

I:

Tror kommunen att S klarar sig själv om vi åker bort en vecka eller några dagar, med dem insatser hon har idag?

K:

Ha kontakt med handläggaren för att få stöd med vilka insatser som kan bli aktuella i de situationer som S har.

I:

Det har vi haft i alla år, utan resultat de sista tre åren, se övriga frågeställningar, där vi bett om mer tid och anpassning. Hur gör vi då? Vem ska vi kontakta, när vi redan har försökt?

48

I:

Hur tycker kommunen att man annars kan lösa det, så vi kan åka iväg på semester och besöka våra barn och släkt som bor i andra länder?

K:

Se ovan

I:

Se fråga 47

49

I:

Våra andra barn vill åka på semester en vecka med oss i sommar, hur kan vi lösa det, vilka hjälper S då?

Nu har våra barn inte kunnat vänta, utan har fått boka en resa, utan att vi kan följa med.

K:

Se ovan

I:

Se fråga 47

50

I:

Jag tänkte också fråga om kommunens biståndshandläggare och chefer har fått utbildning om olika funktionshinder? För att kunna fatta rätt beslut för den enskilde, så behöver kunskap och förståelse finnas hos dem som tar beslut. Jag skriver det för att det är viktigt för alla som är i behov av hjälp. Ert arbete bör vara att göra allt som står i er makt för att de som är beroende av LSS, ska få ett liv med goda levnadsvillkor som de har rätt till enligt lag.

K:

Handläggare och chefer har utbildning i lagstiftning samt har kunskap om olika funktionsnedsättningar.

I:

Det visar sig inte alltid att kommunen har kunskap om olika funktionshinder, då besluten många gånger inte gynnar den enskilde och då följer besluten inte heller lagen om goda levnadsvillkor. Är det ok?

51

I:

Vi undrar hur kommunen har kunnat erbjuda S plats på gruppboenden, där det bor personer som lätt hamnar i affekt och är mycket högljudda och utagerande och som har mycket svåra funktionshinder?, när vi under flera år har förklarat att hon inte själv vill bo på ett gruppboende, är fel målgrupp, när vi förklarat hennes rädslor och känslighet för andra med funktionshinder, när vi förklarat hur ljudkänslig hon är. Det räcker att någon höjer rösten. Hon kan inte hantera höga ljud, skrik och smällar i dörrar.

K:

Kommunen erbjuder platser på boenden där det finns lediga platser. På LSS-boenden bor personer med funktionsnedsättning detta kan leda till att det finns personer med olika svårigheter som de behöver stöd med som bor på samma boende.

I:

Det du skriver är en anledning till att S inte klarar att flytta till ett gruppboende. Vi har förklarat att hon bott i liknande miljö under sin skoltid i tre år och hon har mått dåligt efter den erfarenheten och kallar skolan "skolan hon inte vill minnas". Det är av den anledningen som vi beskrivit ovan som S själv inte vill bo så. Som du skriver så finns det personer med olika ibland stora svårigheter. Det kan påverka andra som bor där, som inte klarar av den miljön. Därför passar inte gruppboende för alla. Det kan vara av olika orsaker och vi har försökt förklara det i alla år, varför det inte passar för S och att hon själv inte vill bo så.

Med den vetskapen, så undrar vi varför ni fortsatt att hålla fast vid att det är ett gruppboende som passar henne? När ni har vetat om den känslighet hon har och den dåliga erfarenhet hon

fick med sig på Service boendet, så förväntar vi oss att hon ska få erbjudanden som kan passa henne, inte de erbjudanden som hon fått. Om ni fortsätter att mena att hon ska bo på ett gruppboende, så måste det finnas och erbjudas gruppboende, som hon kan passa in på, där lägenheten ligger avskilt och inte vägg i vägg med andra boende osv... där målgruppen passar henne, där personalen kan arbeta flexibelt osv.. vi har inte sett något sådant gruppboende än och S vill inte bo på ett gruppboende, därför önskar hon ett annat alternativ och förslag från er, som kan fungera bra för henne i verkligheten.

52

I:

Vi undrar också varför kommunen inte har erbjudit S en individuell plan, som alla ska bli erbjudna när man har rätt att få insatser utifrån LSS?

K:

Individuellplan har numera ofta ersätts av SIP. S individuellplan är utformat.

I:

Jag kanske har förstått fel, men jag tror det är skillnad på SIP och IP. Att en individuell plan är till för att den enskilde, själv eller genom företrädare, får föra fram önskemål om hur hen vill ha det och vad hen är i behov av och att det är vad planen ska utgå ifrån?

Om en plan nu är gjord, så önskar vi gärna ta del av den, så får S själv tillsammans med oss/ ledsagare/ ev. Habiliteringen gå igenom och säga om det stämmer överens med hennes önskningar. När kan vi få ta del av den?

53

I:

Eftersom S inte vill och det inte passar för henne att bo på ett gruppboende och hon inte kan få behålla ledsagare och kontaktperson på ett serviceboende och en garanti för att hon får individanpassad hjälp där, så blir båda alternativen uteslutna. Vad kan hon få för boende alternativ istället? Hon har tid med hjälp i hemmet, som räcker till frukost och lunch. Hur ska hon då kunna flytta till en egen lägenhet?

54

I:

Lagen säger att en person som tillhör LSS ska få goda levnadsvillkor. Om inte den enskilde får förutsättningar för att tillgodose sig insatser, så kommer inte personen vidare, som i S´s fall. Det pratas om att få ett självständigt liv och att flytta hemifrån så tidigt som möjligt. När S väl klarade av att flytta och vi hade arbetat hårt i flera år för det, så fanns ingen som tog emot. Sedan har hon bara blivit motarbetad. Hur ser du på det? Även om vi och andra i hennes närvaro har sett att hon behöver en personlig assistent för att komma ut och få den tid och kontinuitet hon behöver, för att klara sina behov idag, så har vi försökt komma med andra förslag, eftersom kommunen inte förstår hennes behov. Förslag som hemtjänst och andra insatser som skulle kunna fungera. Även här har kommunen satt stop..

Varför?

Om kommunen inte kan tillgodose den enskilde det den är i behov av, så behöver det lyftas högre upp på politisk nivå. Det är många, speciellt personer inom autismspektrumtillstånd som hamnar mellan stolarna och inte får rätt hjälp. Personer med olika diagnoser kan behöva väldigt olika typer av insatser. En del är lättare att hitta fungerande insatser för, då känsligheten kanske inte är så hög, som hos många inom autismspektrumtillstånd. Det kostar människors liv som inte orkar kämpa för sin rätt eller en anhörigs rättigheter och belastar samhället ekonomiskt, med sjukskrivningar, olika myndigheters hantering av överklagade ärenden m.m.

Det är många frågor som vi önskar svar på. Det är många frågor vi har fått kämpa med för att S ska få ett bra eget vuxenliv. Vi har ställt ovanstående frågor tidigare till handläggare och/ eller till dig. Vi hoppas nu att få klarhet i varför och hur det ska gå att lösa S´s framtid på bästa sätt. Det är för hennes skull och andra som tillhör LSS som vi kämpar vidare.

Du får gärna svara oss så snart som möjligt, innan den här månadens slut.

Ha det gott!

Tack på förhand!

Mvh

Isabella och Åke

Jag fick svar efter någon vecka. K svarade att hon tycker att alla frågor är besvarade. Hon erbjöd oss ett möte. Vi har nu bokat in ett möte några veckor fram tillsammans med S och Habiliteringen. Vi låter S föra sin talan själv, så långt det går i alla frågor. Förhoppningsvis blir det tydligt att hon behöver en tredje person som hjälper henne att kommunicera.

Flera i vår omgivning, även andra som engagerar sig för frågor inom LSS, har rekommenderat oss att kontakta media. En person som har hjälpt flera att få rätt LSS insatser, sa till oss att det bästa sättet för att det ska hända något är att kontakta media.

Vi har dragit på det, men det är inte länge innan vi kommer att göra det./ Isabella

I exemplen ovan, kan man se vikten av en fungerande samverkan och vad som kan ske, när samverkan inte fungerar.

5 – Exempel på planering inför ett samverkansmöte

Johan har skrivit ner ett exempel på hur man kan planera inför ett samverkansmöte. Han har utgått från den dagliga verksamhet, som han arbetar på som stödpedagog och från en uppgift, som han hade under sin utbildning.

Jag ska beskriva hur jag skulle kunna gå tillväga tillsammans med mina kollegor, i planeringen av ett samverkansmöte kring en individ. Hur vi skulle kunna förbereda mötet, hur vi skulle lägga upp och utföra mötet, för att tillmötesgå övriga deltagande och bidra till ett salutogent förhållningssätt. Syftet är att skapa ett salutogent samverkans möte, tillsammans med de berörda personer som är involverade i A´s liv i dagsläget. Jag har tagit hjälp och tips genom källor och lagar, som jag hänvisar till i min text.

Situationen som ligger till grund för samverkansmötet.

A går på daglig verksamhet. Hon har svårt att fokusera på de dagliga aktiviteterna och tackar oftast nej till att vara delaktig. Transporten till och från daglig verksamhet fungerar oftast inte så bra. Boendepersonalen jobbar hårt på morgonen för att göra klar A och motivera henne att åka till sin verksamhet. När taxin kommer, så kan det ta 20-30 min. innan A vill åka med i taxin. A har en låg dos av lugnande medicin, som endast ska ges vid behov. A tycker inte om att ta mediciner och vi som jobbar på daglig verksamhet, känner oss osäker på när och hur den ska användas.

Personer som bjuds in och ska medverka på mötet.

Jag bjuder in personer som A och God man anser behöver vara med på SIP-mötet, utifrån att samtycket är underskrivet av A och God man. God man har i uppdrag att sörja för person och även bevaka rätt och förvalta egendom. A, som ofta blir trött och har svårt att medverka på möten, tackar nej till att medverka på det här mötet. Hennes önskan är då att anhörig, som är God man, ska företräda henne. Handläggaren, boendepersonal och chef, HSL-sköterskan, personal på daglig verksamhet och vår chef blir inbjudna att medverka.

Planering för mötets upplägg, för att bidra till god samverkan mellan mig och övriga medverkande.

Lss 6§ säger att verksamheten ska vara av god kvalitet och att den ska utöva samarbete med andra samhällsorgan och myndigheter, som är involverade i individens liv. Respekt för individens integritet och självbestämmanderätt ska vara grundat i verksamheten. Individen ska så mycket som möjligt få ha inflytande och medbestämmande över de insatser som denne har fått beviljat(Larsson och Larsson, 2022, s. 37). Socialstyrelsen(2017), menar att det är viktigt med samordning mellan exempelvis gruppbostad och daglig verksamhet, för att tillsammans kunna finna ett bra arbetssätt som underlättar vardagen för den enskilde individen med funktionshinder. Då lagen säger att vi ska utöva samarbete, mellan samhällsorgan, så ber jag om att få ett samtal med kollegor och min chef om att jag tycker att ett samverkansmöte behövs kring A´s situation på daglig verksamhet .

I LSS 10§, står det att individen ska erbjudas en IP, då denna har beviljats en LSS insats(Larsson och Larsson, 2022, s. 119). I 2 kap. 7§ Socialtjänstlagen(2001:453), SOL och 16 kap. 4§ HSL, så står det om IP, som ibland kallas för SIP(Socialstyrelsen, 2017, s. 25). Då A är i behov av insatser både från SOL och HSL, så har hon rätt att få en Samordnad individuell plan. A och anhörig har erbjudits en IP och tackat ja till en sådan. A och God man har bjudits in till daglig verksamhet och tillsammans med oss personal, fått gå igenom de punkter vi sett är viktiga att ta upp på mötet. A och God man har gett ett skriftligt samtycke, till att de involverade bjuds in till ett SIP-möte och skrivit in vilka punkter som ska diskuteras på mötet. Socialstyrelsen(2017) skriver att det tydligt ska framgå vilka uppgifter som ska diskuteras och vilken verksamhet som får medverka, när en person ska ge sitt samtycke(s. 72). A har svårt att föra fram sin talan och önskar därför att bli företrädd av God man, då samtycke ska skrivas under.

Thunberg(2019), skriver att det är en rättighet för personer med intellektuell funktionsnedsättning, att få använda sig av AKK, om de behöver(s. 59). Eftersom A är i behov av AKK och vanligtvis använder sig av samtalsmatta för att kommunicera, så använder vi det hjälpmedlet för få fram A´s vilja kring aktuella situationer, inför samverkansmötet, eftersom hon själv inte vill delta på mötet.

I Manualen Barnsam, står det att personalen behöver vara påläst, förbereda sig och känna till syftet med mötet(Region Gotland, s. 6). Jag förbereder mig tillsammans med mina kollegor och min chef. Vi diskuterar mötets syfte, som är att A ska få trivsamma och ha trygga meningsfulla dagar på daglig verksamhet, att personalen är trygga i och vet hur de ska bemöta A i vissa situationer och veta när de ska ge behovsmedicin. Målen är att A ska få fungerande resor till och från daglig verksamhet, få aktiviteter som hon själv önskar och att hon får sin medicin då hon behöver den. Vi diskuterar också hur vi ska lägga upp mötet, för att vi ska få en god samverkan. I Manualen Barnsam, står det att verksamheten ska se över vad den kan erbjuda(s. 7), vilket material som behöver tas fram inför mötet och hur lång tid mötet beräknas att ta, att mötet består av inledning, nuläget, mål och vägen dit, sammanfattning och avslut(Region Gotland, s. 7-9). Vi diskuterar hur vi ska möblera för att få en trivsam och bekväm miljö och vilka frågor som är viktiga att ta upp från vår sida på daglig verksamhet och vad vi har möjlighet att erbjuda från vår sida. Vilket material som vi behöver och hur lång tid som kan behövas för mötet. I det här fallet behöver en tid på ca 60 - 90 minuter sättas ut. Vi skriver en agenda, som visar hur mötet kommer att vara upplagt, som skickas med inbjudan och syfte med mötet, via brevpost.

I tidskriften Intra, skriver Linér en artikel, med frågeställningen vad anhöriga vill att personalen ska känna till. Där nämner hon bland annat goda råd från anhöriga, som önskar att personalen ska lyssna på dem och ställa frågor om deras barn. Hon skriver om deras önskan att personalen ska vara ödmjuk och ha en positiv attityd(Linér, 2004). Jag pratar med mina kollegor kring vikten av bemötandet av anhöriga. Att vi ska involvera anhöriga, ta emot och ge information, lyssna på dem och visa med ord och handling att vi har hört och tagit informationen på allvar. Vi behöver visa den anhörige att vi delger den information vi får till övriga personalgruppen. Vi kan visa att vi är nyfikna och ställa frågor och hålla en god ton. Vi behöver vara ödmjuka och ha en positiv attityd. Vi pratar även om vikten av god samverkan med övriga medverkande.

I manualen Barnsam, kan man läsa att en kallelse som innehåller endast dag och tid för mötet, kan skickas via mail. En kallelse som innehåller syfte, ska skickas i ett slutet kuvert(Region Gotland, s. 6). Vi gör en inbjudan och skickar därför dag och tid för mötet via mejl och syftet, inklusive agendan, skickar vi via posten i ett slutet kuvert till samtliga som ska bjudas in till mötet.

Mötets genomförande

Jag har använt mig av och utgått ifrån SIP, utifrån individen och Gode mans medgivande och satt ihop ett samverkans möte kring rådande situation på daglig verksamhet. Vi dukar med kaffe, muggar och bröd, mitt på ett stort runt bord, så det ska se inbjudande och trevligt ut och vara lätt tillgängligt för alla att ta fika. Material som vi tar fram är: En bärbar dator till den som ska dokumentera. Papper och pennor, ska ligga på bordet, om övriga vill skriva egna anteckningar.

Vi följer den agenda som vi har skrivit tidigare och delgett alla och mötet inleds med att alla får presentera sig och den roll de har i sammanhanget. Sen utser jag en som dokumenterar vid datorn. Det är chefen på daglig verksamhet i det här mötet. Jag som är stödpedagog är samtalsledare. Personalen på daglig verksamhet är A´s kontaktperson.

Jag ger en kort beskrivning av hur nuläget ser ut för A på daglig verksamhet och lägger fram det syfte och mål, som vi har pratat om i förväg och skrivit ner och är det som mötet handlar om. Vi diskuterar om de önskvärda målen och vem som kan göra vad. I Barnsams manual står att det är viktigt att formulera målen konkret och att det tydligt framgår vem som ska göra vad för att målet ska nås(Region Gotland, s. 10). Jag berättar om vad vi kan göra på daglig verksamhet i den aktuella situationen, för att försöka nå målen.

Hansson(2015) skriver om Salutogen teori, om att se till och ta vara på det friska i varje människa. Han beskriver Kasam, en känsla av sammanhang, en utforskad teori, där man mäter människans hälsa och välmående. Kasam består att tre dimensioner: meningsfullhet, begriplighet och hanterbarhet(Hansson, 2015, s. 116). Som stödpedagog ska jag försöka ge stöd åt individen, så att dagarna på daglig verksamhet blir meningsfulla, begripliga och hanterbara. Med det som utgångspunkt så formulerade jag en del frågor i förväg, för att ta upp på mötet och för att få igång en diskussion. Jag frågar exempelvis anhörig vad A tycker om att göra när hon är på besök hos dem? Om hon har berättat om något hon skulle vilja göra på daglig verksamhet? Om de använder något sätt att kommunicera på som underlättar för A? Hur de gör när de hjälper A vid transporter för att det ska fungera bra? Boendepersonalen frågar jag om de använder något speciellt schema eller sätt att kommunicera på? Om de vet vad det är som gör att förberedelserna för resan till daglig verksamhet fungerar bra vissa dagar? Om det är några speciella dagar då det fungerar bättre? Vad A har för aktiviteter hemma?

Lewin(2019), skriver att tvång är förbjudet och att man inte ska ge medicin tvångsmässigt eller genom manipulation. Personalen ska istället vända sig till medicinskt ansvarig sjuksköterska eller läkare(s. 17). Eftersom A ibland inte vill ta sin medicin, så behöver vi rådgöra med HSL-sköterskan. Jag frågar henne om det är samma instruktioner som vi fått tidigare som gäller och om vi ska fortsätta att ringa och rådgöra med henne, då vi ser att situationen för A ser akut ut och vi är osäkra på om vi ska ge behovs medicinen eller om A vägrar att ta medicinen. Jag frågar för att säkerställa att vi har rätt information från henne och att vi är överens om hur vi ska gå tillväga.

Fortsättningsvis lade jag fram de tankar och de förslag som vi på verksamheten hade diskuterat i förväg. Jag berättade att vi upplever att A är trött efter lunchen och frågade om övriga tror det är en bra idé att prova på att korta ner A´s dagar på daglig verksamhet till 4 timmar om dagen, istället för 6 timmar om dagen, under en tid. Jag berättade om våra förslag, som vi på daglig verksamhet kan erbjuda att göra och föreslog att vi kan prova att hämta och lämna A med verksamhetens bil för att se om hämtningarna och lämningarna blir mindre stressande för A. Jag nämnde att vi kan kartlägga vad A önskar att göra för aktiviteter på daglig verksamhet, utifrån hennes intressen och att hon praktiskt kan få prova på de aktiviteter hon själv väljer. Jag sa att vi fortsätter att aktivt hålla kontakt med HSL – sköterskan kring behovsmedicinen. Hanson(2018), Skriver att i ett salutogent ledarskap belyser man det som fungerar och man försöker förstå varför situationen ser ut som den gör. När man vet varför det fungerar, så är det lättare att se hur man ska kunna jobba för en utveckling och en förbättring av situationen(s. 157). Utifrån det försökte jag hålla i mötet med en Salutogen inriktning.

Därefter bestämde vi vem som kallar till uppföljningsmöte och vi bestämde en dag och tid. Jag förtydligade också vem som är kontaktperson, i sammanhanget. När alla hade fått säga sitt, så sammanfattade den som dokumenterat mötet, kring den målsättning som vi kommit fram till och vem som gör vad och övrig viktig information. Avslutningsvis, så såg jag till att alla fick med sig en sammanställning av mötet eller att den skulle skickas i efterhand till de berörda, inom kort.

Johan reflekterar och skriver ner tankar kring samverkansmötet

Jag valde att förbereda mötet med att börja läsa en artikel i Intra – Vad vill anhöriga att personalen ska känna till? Jag började med den då jag tycker att det är viktigt att arbeta för en god samverkan med anhöriga. Jag tar direkt till mig diskussionsfrågorna, som finns i slutet av artikeln och reflekterar över dem. Jag tycker inte att samarbetet med anhöriga har varit en självklar del i flera av de personalgrupper jag har arbetat i. Jag har sett brister när jag arbetat på LSS boende och på daglig verksamhet. Jag tar illa vid mig, när personal talar nedlåtande om anhöriga och har förutfattade meningar i frågor, som de inte alltid är insatta i. Jag tycker det är jätte viktigt att vi lyssnar, engagerar oss och tar de anhöriga på allvar och försöker få en god samverkan, som gynnar individen i längden. Den frågan kommer alltid vara viktig för mig. Jag har vid många tillfällen fått jätte goda samtal med kollegor, när vi diskuterat hur viktig samverkan med anhöriga och övriga aktörer är. Ibland kan det bli en infekterad relation mellan boendepersonal och personal på daglig verksamhet. Lika viktigt tycker jag det är i det sammanhanget att vi har respekt och lyssnar på varandra. Det har funnits gånger då jag inte har vågat ifrågasatt ett beteende hos mina kollegor, då jag sett och hört ett otrevligt bemötande både i relation till anhöriga och boendepersonal. Jag känner mig tryggare i min arbetsroll med åren och jag är inte lika rädd för att lyfta frågan nu, som för några år sedan. Med ett salutogent tillvägagångssätt, så tror jag att ämnet kan beröras och är lättare för mottagaren att ta det till sig.

Jag tror det är viktigt att arbeta för en god samverkan mellan alla organ, då lagen förespråkar samverkan, för att verksamheten ska hålla en så god kvalitet som är möjligt. Jag tror det är grunden till att individen ska få sina behov tillgodosedda och få goda levnadsvillkor, på livets alla områden. Individen har rätt att få vara delaktig och medbestämmande, så långt det går. Och om individen själv har svårt att föra sin talan, som i A´s fall, så är det vår uppgift och övriga aktörers uppgift att arbeta för att få fram individens egen önskan i olika livssituationer, genom samverkan och olika hjälpmedel, som kan hjälpa individen att kommunicera och uttrycka sin vilja. Jag tycker det är viktigt att A själv, i den mån hon själv önskar får vara delaktig i hur hennes tillvaro på daglig verksamhet ska se ut. Om hon själv tackar nej till att medverka på samverkansmöten, så tror jag det är viktigt att de som hon har förtroende för och som har god kännedom om henne, får vara med och samordna så att hennes tillvaro och dagar på daglig verksamhet ska bli till det bästa för henne. För en god samverkan i den här situationen som A befinner sig i, så är det viktigt att de personer som känner henne väl och arbetar med henne och de som har rätt att ta beslut kring hennes insatser är med på mötet, om A önskar det.

Jag tycker Barnsams Manual, som Region Gotland skrivit gav många bra tips kring ett samverkans möte. De skrev tydligt om förberedelser, genomförandet av mötet, målsättning och vad som är viktigt att tänka på. Deras checklista för SIP, var jätte bra att titta på och använda sig av.

När jag formulerade frågeställningarna inför mötet, så försökte jag att ha ett salutogent tankesätt. Jag tycker det är viktigt att se på det som fungerar bra och ta vara på det. Vi kan ge varandra tips och råd i en samverkan.

Om vi arbetar för att både deltagare och personal ska uppleva meningsfullhet, begriplighet och hanterbarhet på arbetet, så blir arbetet roligare. Ett gott samarbete och en god samverkan kan bidra till många positiva faktorer för individen och för personalen på en arbetsplats.

Källförteckning:

Hanson, Anders. Sundström Åsa (red) (2015 *). Salutogen kultur, Från värdegrund till verksamhetsnytta*. Salutogent ledarskap Sverige AB.

Hanson, Anders(2018). *Salutogent ledarskap – för hälsosam framgång. Vägen mot tillit, mening och känsla av sammanhang.* Upplaga 2. Alingsås: Salutogent ledarskap Sverige AB.

Larsson, Monica och Larsson, Lars G(2022). LSS 2022: *Stöd och service till vissa funktionshindrade.* Komlitt

Lewin, Barbro (2019). *För din skull, för min skull eller för skams skull? Om LSS och bemötande.* Lund: Studentlitteratur

Thunberg, Gunilla (2019). Autismspektrumtillstånd. I Söderman, Lena & Nordlund, Mårten (red.) *Omsorgsboken: möjligheter och svårigheter vid intellektuell funktionsnedsättning.* Upplaga 6 Stockholm: Liber

Elektroniska källor:

Linér Eva(2004). Utdrag ur tidskriften Intra, svåra frågor 2 - *Vad vill anhöriga att personalen ska känna till?*

Region Gotland, Barnsam(2019). *Manual för samverkansmöten SIP - Att leda och delta för att nå gemensamma mål.*

https://www.gotland.se/79591 [2022-01-07]

Socialstyrelsen(2017). *Om fast vårdkontakt och samordnad individuell plan. Nationell vägledning.*

https://www.socialstyrelsen.se/globalassets/sharepoint-dokument/artikelkatalog/vagledning/2017-10-25.pdf [2022-01-09]

Socialstyrelsen(2017). *Samverkan.* Kunskapsguiden.

https://kunskapsguiden.se/omraden-och-teman/funktionshinder/yrkesintroduktion-for-baspersonal-som-arbetar-med-personer-med-funktionsnedsattning/samverkan/[2022-01-09]

Socialstyrelsen (2017). *Vägar till förbättrad samordning av insatser för barn med funktionsnedsättning* Kunskapsstöd om samordnad information, gemensam planeringsprocess och praktiskt stöd. https://www.socialstyrelsen.se/globalassets/sharepoint-dokument/artikelkatalog/kunskapsstod/2017-10-31.pdf [2022-02-15]

6 – Socialstyrelsens råd till socialtjänsten för att underlätta i mötet med personer med autism

Den här informationens som socialstyrelsen har satt ihop är mycket viktig för myndigheter att ta del av i mötet med personer som har autism och kan ha en stor betydelse att ta hänsyn till vid samverkan med den enskilde.

Jag väljer att citera texten. Socialstyrelsen(2019) skriver:

> **Möten behöver vara individanpassade**
>
> Möten med myndigheter innebär ofta utmaningar för personer med autism. De riskerar att exkluderas från service och tjänster på grund av hur de uppfattas, samspelar och tar till sig information. Bristande kunskap om autism kan leda till att problem och behov inte blir korrekt uppfattade och bedömda. Bemötandet av dessa personer behöver anpassas till deras individuella svårigheter för att säkerställa att de får en likvärdig tillgång till socialtjänsten(s. 3).
>
> Inom socialtjänsten förs många olika sorters samtal, vars syfte kan vara att utreda, stödja, motivera eller informera den enskilde. Vissa personer som socialtjänsten möter kan behöva väsentligt tydligare information och annat stöd än vad som vanligtvis ges. Det gäller i högsta grad personer som har kognitiva svårigheter på grund av funktionsnedsättning, sjukdom eller stress. Svårigheter som ofta inte syns och märks direkt i mötet(s. 3).
>
> **Vad är autism?**
>
> Autism är en funktionsnedsättning som har sin grund i hur hjärnan arbetar och fungerar, vilket påverkar hur personen upplever och tänker. Personer med autism kan ha stor kapacitet inom en rad olika områden men de har i olika grad svårigheter med:
>
> - Föreställningsförmåga och sammanhang
> - Ömsesidig kommunikation och socialt samspel
> - Ögonkontakt och sinnesintryck
> - Komma i tid, planera och genomföra

Det som är svårt är också energikrävande och därför har många personer med autism begränsad uthållighet i situationer som ställer krav på det som är svårt.

En persons sätt att vara och fungera beror på graden av autism men också på andra faktorer som intellektuell förmåga, personlighet, dagsform och de specifika krav som ställs i en viss situation. Även personer med god intellektuell förmåga kan ha svårt för uppgifter som andra skulle uppfatta som enkla eller självklara.

Generellt har många personer med autism lättare för att ta in information visuellt med stöd av text eller bild(s. 4).

Skyldigheter

Förvaltningslagen säger att "En myndighet ska lämna den enskilde sådan hjälp att han eller hon kan ta till vara sina intressen. Hjälpen ska ges i den utsträckning som är lämplig med hänsyn till frågans art, den enskildes behov av hjälp och myndighetens verksamhet."(6§)

Om den enskilde inte får tillräcklig hjälp i kontakten med en myndighet kan det innebära brister i tillgänglighet. Med bristande tillgänglighet menas att en person med funktionsnedsättning missgynnas, genom att skäliga åtgärder inte har vidtagits för att personen ska få en jämförbar situation med personer utan denna funktionsnedsättning. Bristande tillgänglighet räknas som diskriminering enligt diskrimineringslagen (1kap. 4§3).

Förberedelser och anpassningar är viktiga för att alla ska få ett rättssäkert bemötande(s. 5).

Vad är ofta svårt?

Vad kan du göra?

Föreställningsförmåga och sammanhang

För att kunna hantera nya situationer, lösa problem och planera behöver man kunna tänka sig in i och föreställa sig olika alternativ. Många personer med autism har svårt att föreställa sig sådant som de inte redan har erfarenhet av. Det kan leda till att de är mindre flexibla. De ser gärna samma lösningar och vill göra på samma sätt som de är vana vid.

Föreställningsförmåga behövs även för att kunna besvara öppna frågor. För att kunna ge ett adekvat svar är det nödvändigt att kunna tänka sig in i vilken information som frågeställaren förväntar sig.

Personer med autism fokuserar ofta på detaljer och kan därför missa det övergripande sammanhanget. De kan ha svårt att se ”det viktiga” i en viss situation(s. 6).

Så här kan du underlätta

- Skriv en agenda för mötet. Ha den synlig under mötet och bocka av punkterna efter hand.
- Förklara kort och konkret varför ni träffas, vad mötet ska leda till och vad din uppgift är.
- Informera konkret om stegen i den aktuella processen. En visuell bild av stegen i en process kan göra det lättare att förstå.
- Ställ så konkreta frågor som möjligt, så att personen slipper gissa sig till det underförstådda.

Undvik öppna frågor som ”kan du berätta hur du

upplever din situation?” ,

eftersom de ofta är svåra att besvara.

- En del personer med autism har lättare att besvara frågor och att delta om de kan förbereda sig. När du kallar till mötet kan det därför vara bra att berätta vilka frågor som du behöver ha svar på(s. 7).

Ömsesidig kommunikation och socialt samspel

Personer med autism kommer sannolikt att ha svårigheter med kommunikation och samspel under ert möte. Även den som har en god verbal förmåga kan ha svårt att bearbeta och tolka information. Personer med autism har heller inte alltid ett ansiktsuttryck som speglar de egna känslorna och har inte alltid lätt för att avläsa andras mimik. Det kan leda till missförstånd.

Tänk på att det inte är meningsfullt att uppmana personen att "Fråga om du inte förstår!". Det blir lika konstigt som att be personer med synskada att tala om vad de inte ser.

Inledande frågor som "Hur har du det?" eller "Hur har veckan varit?", som uppfattas som relationsbyggande i andra sammanhang, kan istället bli förvirrande och energikrävande för personer med autism. De är ofta för ospecifika för att enkelt kunna besvaras(s. 8),

Så här kan du underlätta kommunikationen

- Undvik inledande socialt småprat. En bra inledning kan vara att förklara hur mötet kommer att gå till: "Vi ska gå till rummet längst bort", "Du kan sitta här".
- Var konkret och extra tydlig. Om du måste använda myndighetsspråk, som "åtgärd" eller "arbetsförutsättningar", berätta vad orden betyder.
- När du ställer en fråga – invänta svaret innan du omformulerar frågan eller ställer en ny. Det kan behövas lite extra tid för personen att tolka frågan och formulera ett svar.
- För att göra budskapet tydligare kan du rita eller skriva. Du kan också använda bilder för att förtydliga och förstärka innehållet.
- Kontrollera att du faktiskt har förstått vad personen vill förmedla genom att kort sammanfatta det som du har uppfattat.
- Be personen att återge viktiga punkter för att kontrollera hur det du har velat förmedla har uppfattats av personen.
- Gör en kort sammanfattning av vad ni kommit överens om innan ni avslutar mötet(s. 9).

Komma i tid, planera och genomföra

Att komma i rätt tid och till rätt plats kan vara svårt för personer med autism. Det är därför viktigt att förstå att om någon uteblir från möten så behöver det inte betyda att personen inte vill komma eller är medvetet nonchalant. Orsaken kan istället vara att personen har svårt med tidsuppfattning, planering eller med att orientera sig.

Så kan du underlätta för personen att komma till ett möte

- Presentera uppgifter om datum, tid, plats etc. i punktform när du kallar. På så vis framgår informationen tydligare. Det underlättar också om varje punkt står på en egen rad. Om möjligt, bifoga en bild på byggnaden och på den social-sekreterare som personen ska träffa. Då blir det lättare för personen att hitta rätt (se exempel).
- För de personer som vanligtvis inte öppnar brev kan du förbereda genom att märka upp kuverten. ”Brev som kommer från mig har den här markeringen. De breven behöver du öppna och läsa varje gång de kommer”
- Skriftliga kallelser kan behöva kompletteras med sms-påminnelser, mejl eller telefonsamtal.
- Informera om att personen gärna får ta med en stödperson till mötet, exempelvis en boendestödjare eller anhörig(s. 10).

Inkomma med underlag

I många ärenden behöver personer inkomma med underlag. Detta kan vara svårt, särskilt om personen förväntas klara det på egen hand utifrån en generell lista.

Så kan du underlätta för personen att inhämta rätt underlag

- Ge tydlig information om vad personen behöver lämna in.
- Om en person har svårt att formulera sig kan du underlätta genom att skriva ner precis vad han eller hon kan säga. Texten blir ett stöd när personen ber exempelvis hyresvärden eller banken om ett utdrag eller ett intyg.
- Ring gemensamt under mötet till dem som personen behöver uppgifter ifrån.

- Kanske kan personen få fotografera exempelvis räkningar med mobilen och skicka bilden till dig(s. 12).

Energi till hela mötet

Personer med autism kan ha förhöjd känslighet för sinnesintryck som ljus, ljud och känsel. Ögonkontakt beskrivs också av många som obehagligt och energikrävande. Framförallt kan det vara svårt att lyssna och samtidigt ha ögonkontakt. Att en person undviker ögonkontakt får därför inte misstolkas som ointresse eller ohövlighet. Det kan vara nödvändigt för att personen ska kunna koncentrera sig i samtalet.

Ta ställning till om ni behöver kortare eller längre besökstider. Om ni vanligtvis har långa besök, kanske det går att dela upp besöket på fler och kortare möten. Alternativt att ha en eller flera planerade pauser under besöket(s. 13).

Så kan du underlätta för personen att ha energi till hela mötet

- Ha mötet i ett rum som är så ostört som möjligt. Checka av om ljud, ljus, lukt eller andra sinnesintryck är störande för personen.
- Placera gärna stolarna så att kravet på ögonkontakt minskar (vid sidan av, snett mitt emot). Då kan du också lägga material på bordet så att ni båda kan se det.
- Ett kort med texten "paus" på bordet i mötesrummet kan underlätta för personen att själv ta initiativ till en rast.
- Var punktlig, håll om möjligt både start- och sluttid. Om du vet att det är svårt för dig att vara punktlig, informera om att du kommer att ta emot personen och sluta mötet så nära utsatt tid som möjligt.
- Erbjud dig att anteckna eller uppmuntra personen att fota av det som är viktigt med mobilen(s. 14).

Kom ihåg

Före mötet

____ Boka ett så ostört rum som möjligt

____ Placera stolarna så att personen inte tvingas till ögonkontakt och så att ni enkelt kan titta på samma material.

____ Anpassa möteslängden och planera för paus

____ Placera agendan så att alla kan se den.

____ Ta med penna och papper.

____ Ha med en bild för att kunna beskriva stegen i arbetet.

Under mötet

____ Var noga med start- och sluttid

____ Var konkret och ”rakt på sak”. Utgå inte från att personen förstår det outtalade.

____ Följ agendan och bocka av avklarade punkter

____ Skriv och rita som stöd

____ Erbjud hjälp att anteckna och fylla i blanketter

____ Stäm av hur du och personen har förstått varandra.

____ Sammanfatta mötet och förklarar vad som är nästa steg(s. 15).

Källa:

Socialstyrelsen(2019). *Underlätta för personer med autism i möten med socialtjänsten.*

https://www.socialstyrelsen.se/globalassets/sharepoint-dokument/artikelkatalog/ovrigt/2019-12-6480.pdf [2022-02-20]

7 – Individens samverkansmall, som stöd för den enskilde, anhöriga, personal, handläggare och övriga involverade

Förslag på vad man kan ha med för uppgifter och frågor i en samverkans mall:

Syftet med mallen är att individen ska få vara delaktig och medbestämmande, efter förmåga och på så sätt få ökad självständighet och möjlighet att påverka sitt liv. Det ger större möjlighet att få rätt beslut av insatser.

Syftet är också att öka förståelsen i samverkan mellan daglig verksamhet, boende, handläggare, anhöriga och övriga aktuella aktörer, vilket gynnar den enskilde.

Jag väljer att ge förslag på vad man kan ta med i ett samverkans formulär med enbart text.

Man kan göra formulär som består av enbart bild och även av bild och text, beroende på vem som ska vara delaktig inför eller/ på mötet. En idé är att skriva svaren i jag form, om den enskilde är delaktig och att skriva personens namn, om det är god man eller närstående(om det finns fullmakt eller samtycke) som fyller i formuläret. Formuläret/ mallen kan tas med till viktiga myndighets/ vårdkontakter.

Man kan ge information om vad samverkan kan innebära. Och eventuellt lägga in några bilder:

Varför ska man samverka? – För att du ska ha möjlighet att få bra insatser och rätt hjälp = Bild glad gubbe som hälsar på någon, tummen upp

Vad leder en god samverkan till? – Bra samverkan kan leda till att du får rätt förståelse och att du får insatser som gör att du kan få göra saker som du själv önskar och tycker är roligt = Bild glad gubbe, tummen upp.

Hur kan man samverka? – Man kan sitta tillsammans och prata, du och-eller ditt ombud kan vara med = Bild: alla sitter vid ett bord

Varför är det viktigt att samverka? – Alla får chansen att säga viktiga saker som man tycker och tänker, som kan göra att du får rätt stöd och hjälp = Bild på nöjd gubbe, tummen upp

Vem tjänar på samverkan? – Alla tjänar på att samverka, eftersom det bidrar till att du lättare ska få rätt beslut om stöd och hjälp, vilket spar tid och pengar = glada gubbar som sitter vid ett bord

Vad kan hända om samverkan inte fungerar? – Då finns risk att du inte får rätt stöd och hjälp och att det tar längre tid att hitta bra insatser för dig = ledsen gubbe, tummen ned

Förslag på innehåll i ett formulär med text:

Kontaktinformation, information och frågor

Viktiga kontakter: namn och kontaktuppgifter

Vad heter du?

Var bor du/ Adress?

Kontaktuppgifter:

Vad heter din kontaktperson på boendet?

Kontaktuppgifter:

Vilken daglig verksamheten går du på?

Vad heter din kontaktperson på daglig verksamhet?

Kontaktuppgifter:

Vad heter din kontaktperson?

Kontaktuppgifter:

Vad heter din ledsagare?

Kontaktuppgifter:

Vad heter din biståndshandläggare?

Kontaktuppgifter:

Vad heter dina anhöriga/ närstående?

Kontaktuppgifter:

Vad heter din kontaktperson på försäkringskassan?

Kontaktuppgifter:

Vad heter alla dina vårdkontakter.

Läkare:

Kontaktuppgifter:

Sköterska:

Kontaktuppgifter:

Sjukgymnast:

Kontaktuppgifter:

Dietist:

Kontaktuppgifter:

Fotvård:

Kontaktuppgifter:

Psykolog:

Kontaktuppgifter:

Logoped:

Kontaktuppgifter:

Tandläkare:

Kontaktuppgifter:

Optiker:

Kontaktuppgifter:

Annan:

Vilka får lov att vara delaktiga och medverka vid Samverkan?:

Jag samtycker att samverkan utförs, även om jag inte kan vara med på mötet?

Då får Gode man eller närstående....................eller..................... föra min talan.

Ja/ tummen upp:

Nej/ tummen ned:

1

Vad tycker du/ ditt ombud är viktigt att vi vet om dig, som kan ha betydelse för kommande beslut av insatser? Det kan ex handla om:

Kan du:

Klockan?

Dag?

Månad?

År?

Kan du beräkna och planera din tid?

Kan du planera framåt för:

En dag?

En vecka?

En månad?

Ett år?

Inte alls?

Kan du själv föra din talan:

Vid möten?

I andra sociala sammanhang?

Behöver du någon person som känner dig väl, som hjälper dig att kommunicera/ föra din talan?

I så fall vem?

Behöver du någon form av kommunikationsstöd?

Vilket?

Har du (perceptions) känsligheter så som:

Ljud?

Ljus?

Värme?

Kyla?

Smak?

Konsistens?

Lukt?

Annat?

Har du lätt att komma ihåg:

Vad någon berättar för dig?

Vad du ska göra:

Idag?

Imorgon?

Om en vecka?

Om en månad?

Behöver du någon person, som hjälper dig att komma ihåg?

Behöver du något hjälpmedel, som hjälper dig att komma ihåg?

Behöver du tid för att avsluta det du håller på med?

Vad kan vara lätt att avsluta?

Vad kan vara svårt att avsluta?

Behöver du tid för att förbereda dig och påbörja det du ska göra?

Vad kan vara lätt att påbörja?

Vad kan vara svårt att påbörja?

Kan du skynda dig, om någon ber dig snabba på?

Vad kan du skynda på med?

Vad behöver du mycket tid för att kunna genomföra?

Kan du hantera situationer som känns stressade för dig?

Vilka situationer kan göra så att du känner dig stressad?

Hur känns det när du blir stressad?

Kan du förmedla till personal eller andra, när du känner dig stressad?

Vad gör du när du känner stress?

Klarar du av att någon ställer krav på dig och säger att du måste utföra en viss syssla, exempelvis att dammsuga?

Klarar du av krav alla dagar?

Klarar du av krav ibland, om du är pigg och utvilad?

Klarar du sällan eller aldrig av krav?

Vad är du intresserad av?

Vad tycker du att du är bra på?

Vad tycker du att du är dålig på?

Vad vill du ha stöd och hjälp med?

Vad är du rädd för?

Vad tycker du om?

Vad tycker du inte om?

Har du några speciella vårdkontakter, som är viktiga för dig?

Äter du några mediciner?

Vilka?

Vilka färdmedel åker du?

Åker du själv?

Åker du med en ledsagare?

Annat:

Ombudets eller egen kommentar, som kan vara viktigt att lägga till, utifrån ovanstående eller andra viktiga frågor:

2

Behöver du ha något stöd för att kommunicera?

Textstöd?

Bildstöd?

Behöver du ha en person med dig som kan vägleda dig i samtalet? Behöver du ha en person som för samtalet helt åt dig?

Annat?

Ombudets eller egen kommentar, som kan vara viktigt att lägga till, utifrån ovanstående eller andra viktiga frågor:

3

Hur vill du bli bemött?

Vill du att vi pratar:

Lite?

Mycket?

Vill du att vi pratar med låg röst?

Vill du att vi pratar med hög röst?

Vill du att vi ska bemöta dig på ett lugnt sätt?

Vill du att vi ska bemöta dig med humor och skoja lite?

Ombudets eller egen kommentar, som kan vara viktigt att lägga till, utifrån ovanstående eller andra viktiga frågor:

Denna översta del skulle kunna vara en mall som kan följa med dig, i mötet med okända myndigheter och vårdkontakter.

Den del som kommer här nedan, är en del med frågor och information som har med samverkans möte och eventuella insatser att göra:

Vad mötet kan handla om:

Exempel:

Vill du ha fler timmar på daglig verksamhet?

Vilka aktiviteter kan passa/ önskar du?

Hur kan man tillgodose dina behov på bästa sätt i ditt hem?

Fungerar dina nuvarande vårdkontakter eller behöver du hjälp att byta läkare?

Få en Logoped?

Får du det ekonomiska stöd som du har rätt till?

Fungerar ditt nuvarande boende eller behöver du en annan boendeform?

Vill du flytta hemifrån?

Hur vill du bo i så fall?

Om du vill börja simma eller någon annan aktivitet en gång i veckan?

Vad tycker du är viktigt att vi pratar om på mötet?

Ombudets eller egen kommentar, som kan vara viktigt att lägga till, utifrån ovanstående eller andra viktiga frågor:

Daglig verksamhet

Frågeställningar:

Ditt nuvarande eller kommande boende

Frågeställningar:

Hemtjänst

Frågeställningar:

Vårdkontakter

Frågeställningar:

Personlig assistans

Frågeställningar:

Boendestöd

Frågeställningar:

Ledsagare

Frågeställningar:

Kontaktperson

Frågeställningar:

Min ekonomi

Frågeställningar:

Min fritid

Frågeställningar:

Ärende hos försäkringskassan

Frågeställningar:

Annat:

Formulera ned de tankar och frågor som du själv har eller om någon närstående har viktiga frågor att ta upp: (du kan göra det innan mötet om du själv inte orkar delta på mötet, så kan ditt ombud ta med frågorna och göra anteckningar)

1

2

3

4

5

6

7

8

9

10

Gör ett tilläggsblad, med fler frågor vid behov.

Övriga frågor som kommer upp på mötet:

1

2

3

4

8 - Kommunikationskompass

Ett kommunikationskompass, kan vara till nytta inför ett samverkans möte, för att få mer kunskap om den enskilde, om denne själv önskar att några ska läsa kompasset.

Jag gjorde ett arbete i en av mina utbildningar, som jag utgår ifrån här och jag utgår från en specifik person, när jag ska göra mitt kompass. Hon får heta Martina.

Hon har en autistisk diagnos och en liten Npf. Hon har svårt att kommunicera och prata med människor som hon inte känner väl. Hon har dåligt minne och har svårt att återberätta saker som har hänt och om viktiga saker. Martina är en mycket känslig person och har svårt att identifiera sig med hjälpmedel. Hon har många intressen och älskar att berätta om dem, för personer som står henne nära.
Syftet med mitt arbete är att utforska och föreslå ett kommunikationsstöd som kan öka Martinas självständighet, delaktighet och självbestämmande, på ett sätt som hon själv känner sig bekväm med.

Jag har läst om stödet, kommunikationspass och har tagit reda på fakta kring personen, som jag ska använda mig av i mitt arbete. Arbetet består av teoretisk fakta och avslutas med en bilaga, som innehåller ett kommunikationspass som är individuellt utformat.

Vad är och innebär Alternativ kompletterande kommunikation(AKK)

Thunberg(2019) skriver att vi människor behöver ha en fungerande kommunikation, för att få en god livskvalitet och kunna vara delaktiga. Kommunikationsstödjande insatser och Akk är ett stöd som bland annat förebygger och minskar utmanande beteende, då beteendet ofta orsakas av kommunikationssvårigheter. Det står i FN:s konvention att personer med funktionsnedsättning, ska ha rätt att använda AKK, som stöd för att få en fungerande kommunikation(s. 87). Thunberg(2019), skriver om kommunikationsstödjande insatser och alternativ och kompletterande kommunikation(AKK). Hon menar att numera ser vi på människans helhet och dess funktion i sociala sammanhang och att det viktigaste målet i många verksamheter är människans delaktighet. För att vara delaktiga behöver vi kunna kommunicera. Tidigare handlade mycket om tal och språkträning, medan man idag sätter ett större fokus på kommunikation än på talet(s.74). Thunberg refererar till Heister Trygg & Andersson(2009) och Thunberg mfl.(2011) som beskriver AKK som ett BRO-bygge, mellan människor som behöver stöd i att kommunicera. BRO, är en akronym som beskriver kunskapsfält och olika delar som en AKK-insats ska ta hänsyn till och innehålla, vilket är: B – Barnet eller personen med kommunikationssvårigheter R – Redskap och metoder O – Omgivningsaspekter – både i fråga om fysisk omgivning och människor runtomkring(s.79). Thunberg(2019) menar att det är viktigt att personal och familj använder AKK i samspel med personen för att ge stöd och vara en modell. De flesta personer med intellektuell funktionsnedsättning behöver kommunikationsstöd, även dem som har fungerande tal(s. 87).

Motivering och val av kommunikationsstöd

Jag har valt kommunikationspasset för att det kommer ge Martina stöd att utvecklas och kunna vara delaktig på ett mer självständigt sätt. Beroendet minskar till hennes föräldrar och anhöriga, som kan känna sig trygga med att de som möter Martina får rätt information och Martina får det bemötande och stöd som hon behöver. Thunberg(2019) menar att det är en trygghet för anhöriga, då deras närstående med intellektuell funktionsnedsättning erbjuds insatser, där man tittar på den senaste forskningen och dokumenterade praktiska erfarenheter, som har fungerat bäst. Evidensbaserad praktik innebär att man lägger den ofta begränsade tiden på det man vet fungerar bäst och ger den bästa effekten(s.74). Kommunikationspass är ett hjälpmedel eller en metod som logopeden Sally Millar, vid CALL kommunikationscenter i Edinburgh började använda. Dart, kommunikation – och dataresurscenter i Sverige tog till sig Sallys arbete och har tillsammans med SÖK kommunikationscenter gjort en handbok och tagit fram mallar(Thunberg, 2019, s.82). I SÖK & DART´S handledningsbok(2000), kan man läsa om att syftet med kommunikationspasset är bland annat att underlätta ett första möte med personen och att mötet ska avdramatiseras. Kommunikationspasset ska innehålla praktisk och viktig information och underlätta så att personen som läser ska få chansen att ge ett första positivt intryck. Syftet är också att uppnå en förståelse från de personer som finns i omgivningen och att stödtagaren får konsekvent och rätt bemötande, vilket förstärker min motivering till att jag valde att presentera kommunikationspass som stöd för Martina.

Beskrivning av och hur kommunikationspasset kan arbetas fram och utformas och hur det fungerar.

Kommunikationspass – är att introducera och dokumentera kommunikation och AKK.

Personer med intellektuell funktionsnedsättning har ofta svårt att förmedla vilka svårigheter hen har, vilken hjälp och vilka hjälpmedel som hen behöver och hur de används. Oavsett vilken övrig AKK personen behöver, så har många personer med intellektuell funktionsnedsättning och dennes närstående nytta av ett personligt kommunikationspass(Thunberg, 2019, s.82). Innehållet i kommunikationspasset, kan se olika ut, beroende på behoven. Man gör en innehållsförteckning, för att det ska vara lättare och tydligare att hitta. En del rubriker kanske inte handlar exakt om kommunikation, men är viktiga att ha med , eftersom de förstärker samspelet mellan stödanvändaren och personen som får ta del av kommunikationspasset. En del ämnen kräver extra information och instruktioner. Då är det bättre att samla det i en annan pärm och hänvisa till den pärmen i kommunikationspasset. Passet ska vara klart, tydligt och enkelt att läsa. Det är viktigt att skriva passet i jag-form, istället för hen-tilltalet. Passet blir då mer personligt. Positiva formuleringar är viktiga och bör fokusera på strategier som underlättar och medverkar så att kommunikationen fungerar bra. Det behövs inte alltid problembeskrivningar i ett kommunikationspass.

Det som är viktigt är att passet utformas med ett lösningsinriktat

förhållningssätt(Thunberg, 2019, s. 82-83).

I SÖK & DART´S handledningsbok(2000) beskrivs processen för hur man kan göra ett kommunikationspass steg för steg. I steg 1 visar initiativtagaren ett kommunikationspass för personer som är involverade i brukarens omgivning s.k. nyckelpersoner. Det kan vara exempelvis personal, god man, föräldrar, anhöriga eller andra viktiga personer. I steg 2 utser man en person som ska ansvara för att göra i ordning ett kommunikationspass och vilka personer som ska vara delaktiga i processen. Om det finns möjlighet, så är brukaren med. I steg 3 visar den som har ansvar exempel på rubriker för brukaren och nyckelpersonerna. Man kan välja rubriker själv eller välja ut några av de förslag som redan finns som man tycker passar bra. I steg 4 görs ett utkast med förslag på format och layout av den ansvarige, som skickar utkastet per post eller visar förslag på ett möte för nyckelpersonerna, som sedan gör sitt utlåtande. I steg 5 samlas synpunkter in från nyckelpersonerna och brukaren och innehållet sätts ihop till en sista version. I steg 6 skickas slutversionen för en sista kontroll till nyckelpersonerna och de kan göra en justering om de önskar så. I steg 7 färdigställer den ansvarige slutversionen. Det är en fördel att spara innehållet, så är det lättare att göra en uppdatering senare vid behov. Vidare kan man läsa i SÖK & DART´S handbok(2000) om råd vid utformandet av kommunikationspasset. Eftersom passet ska ersätta brukarens egen presentation, så är det lämpligt att skriva i jag-form. Passet bör skrivas med ett språk och sätt som brukaren kan identifiera sig med. Storleken på passet bör anpassas om exempelvis brukaren är rullstolsbunden. Det är en idé att ha med bilder och fotografier tillsammans med text, som kan förstärka och göra informationen tydligare. Informationen bör vara praktisk och användbar, det vill säga informations som okända människor kan använda för att samtala och lära känna brukaren lättare. Det är bättre att få klart ett kommunikationspass och kommer till användning, än att det är snyggt. SÖK & DART´S HANDBOK(2000), beskriver hur brukaren kan träna på att använda sitt pass, genom promting. De nivåer som de nämner är, att visa brukaren kommunikationspasset och ta fram det. Man kan också påminna brukaren om att hen ska ta fram passet,(när den aktuella personen är på besök)(man kan påminna genom att exempelvis viska: ska du inte ta fram och visa någonting?) Man kan titta förväntansfullt på brukaren och sen på samtalspartnern och samtidigt kan man peka på passet. Man kan också stå och vänta i bakgrunden för att se om brukaren kommer på att berätta om passet. Man kan träna på det hela genom rollspel. När brukaren själv inte kan hantera kommunikationspasset, så är det viktigt att närstående informerar om var passet finns och att det är lättillgängligt.

Hur kommunikationspasset kan bidra till ökad självständighet, delaktighet och/ eller självbestämmande.

För att kommunikationspasset ska komma till sin rätt och ge stöd till ökad självständighet, delaktighet och självbestämmande, så behöver omgivningen vara delaktig och vara behjälplig med viktig information som behöver stå i kommunikationspasset. Thunberg(2019) skriver att man satte fokus på och försökte arbeta för att alla människor skulle få möjlighet till delaktighet, under 1990 och 2000-talet. Då blev omgivningsaspekterna större. Eftersom kommunikation innebär samspel med andra är det viktigt inom insatsområden att kartlägga, involvera och engagera omgivningen, för att nå utsatta mål (s. 79). Thunberg(2019) refererar till Mc Naughton & Beukelman(2010), som menar att vid en övergång i personens liv exempelvis vid en flytt eller byte av verksamhet, då omgivningen byts ut, så är det extra viktigt med kontinuerliga och fortlöpande insatser(s.79). I de fall det blir förändringar i en persons liv, så är ett fungerande kommunikationspass extra viktigt, för att behålla självständighet, självbestämmande och och delaktighet.

Kommunikationspass är ett viktigt individuellt utformat redskap, vilket Thunberg(2019) skriver om och refererar till Zachrisson m.fl.(2019) som menar att utformning av individuell AKK genom gemensam problemlösning i nätverk AKK-insatser behöver vara individuella och utformas olika. Tidigare låg fokus på kartläggning av personens förmågor. Numera ligger fokus på delaktighet och då är huvudfokus vid AKK-insatser på att kartlägga kommunikationen i den miljö den sker. Det sker bland annat via videoupptagningar och samtal i vardagen, som blir viktiga. Det visar på att kartläggning och arbete i nätverk och att arbeta tillsammans mot en problemlösning, är framgångsrik(s.82). Av erfarenhet, så är passet ett bra redskap och hjälpmedel för personen att skapa en identitet, självmedvetenhet och att få kunskap om sig själv, att få upptäcka sina möjligheter och svårigheter. Om passet är tänkt att stärka personen själv, så är det mycket viktigt hur man utformar passet. Passet ska medverka till att avlasta föräldrarna, så de inte ska behöva ge samma information gång på gång. Boken ska hjälpa personen till en ökad självständighet och informationen ska finnas, även när inte föräldrarna finns kvar(Thunberg, 2019, s. 83).

Varför kan ett kommunikationspass vara bra? Tankar och reflektioner kring ett kommunikationspass

När jag läste om kommunikationspasset så kom jag att tänka på Martina och reflekterar över hur viktigt och bra stöd det här hjälpmedlet kan vara för henne.

Kommunikationspasset har gjorts mest utifrån den information och kunskap som finns om Martina. Martina har läst igenom kommunikationspasset och tycker det är bra, men kommer behöva tid att vänja sig att använda det. Hon kommer själv få bestämma när hon vill vara delaktigt i att använda det och om hon vill göra förändringar i sitt kommunikationspass. Ett av syftena med passet, är att Martina ska få rätt förståelse och bemötande av personer som finns i Martinas närhet. Om de personer som läser tar till sig informationen, så kommer den vara till stor hjälp. Det bidrar till en trygghet för både Martina och personen som får informationen. Jag tror det öppnar till samtalsämnen, som bidrar till en lättsam relation, där samtalsämnena kan öppna upp för andra viktiga förtroendeingivande samtal och det kan öppna upp för henne att kunna säga ja till olika aktiviteter. Martina kan ha svårt i vissa situationer och kan lätt säga nej, om hon inte känner sig förstådd. Med stöd av kommunikationspasset, så blir Martina lättare förstådd och behöver inte själv känna press på sig att försöka föra fungerande samtal, som kan stressa henne. När hon kan slappna av och vara delaktig i samtalet så ökar hennes möjligheter till att föra fram sina åsikter och vara med och bestämma, vilket leder till en ökad självständighet.

Min reflektion är hur bra och till vilken stor nytta ett kommunikationspass kan vara. Jag kommer i framtiden ha med mig den här erfarenheten och ge som tips och förslag till olika verksamheter, så som daglig verksamhet och boenden, hur man kan bygga upp ett individuellt kommunikationspass. Med eller utan foton/ bilder, text utifrån personens nivå och önskan. Passet kan komma att se väldigt olika ut, men fylla samma funktion. Bidra till att personen får förmedla och kommunicera de viktigaste bitarna i livet, bli förstådd och få en ökad delaktighet, medbestämmande och självständighet.

Källor:

Litteratur:

Heister Trygg. B & Andersson, I. (2009). *AKK i teori och praktik.* Malmö Södra Regionens Kommunikationscenter, i Söderman, Lena & Nordlund, Mårten (red.) (2019).Omsorgsboken: möjligheter och svårigheter vid intellektuell funktionsnedsättning. Upplaga 6 Stockholm: Liber

Mc Naughtom, D. & Beukelman, D. (2010). *Transition Strategies for Adolescents and Young Adults Who Use AAC.* Baltimore: Paul Brookes Publishing., i Söderman, Lena & Nordlund, Mårten (red.) (2019).Omsorgsboken: möjligheter och svårigheter vid intellektuell funktionsnedsättning. Upplaga 6 Stockholm: Liber

Thunberg, Gunilla (2019). Kommunikation – *ett grundläggande behov och en mänsklig rättighet.* I Söderman, Lena & Nordlund, Mårten (red.) Omsorgsboken: *möjligheter och svårigheter vid intellektuell funktionsnedsättning.* Upplaga 6 Stockholm: Liber

Thunberg, G, Carlstrand, A., Claesson. B.& Rensfeldt Flink. A. (2011). *KomIgång - en föräldrarkurs om kommunikation och kommunikationsstöd.* Vändersborg: Habilitering och hälsa., i Söderman, Lena & Nordlund, Mårten (red.) (2019).Omsorgsboken: möjligheter och svårigheter vid intellektuell funktionsnedsättning. Upplaga 6 Stockholm: Liber

Zachrisson, G., Rydeman, B. & Björck- Åkesson, E. (2001). *Gemensam problemlösning vid Alternativ och kompletterande kommunikation.* Göteborg, Halmstad & Västerås. Hämtad 2018-04-18 från www.dart-gbg.org., i Söderman, Lena & Nordlund, Mårten (red.) (2019).Omsorgsboken: möjligheter och svårigheter vid intellektuell funktionsnedsättning. Upplaga 6 Stockholm: Liber

Övriga källor:

SÖK & DART(2000). *Handledning om kommunikationspass: Vågar du prata med en person med talhandikapp?*

Förslag på hur ett Kommunikationspass kan se ut

Ett kommunikationspass kan vara som ett stöd för en person med exempelvis autism, som behöver stöd i att kommunicera och medverka till att personen kan få ökad självständighet, delaktighet och självbestämmande. Personen kanske inte vet hur man berättar saker, som kan vara viktiga för personalen att veta. Då kan man antingen vara med själv och utforma sitt kommunikationspass eller att någon närstående hjälper till och gör ett. Passet kan tas fram vid behov tillsammans med den enskilde och använda det som stöd vid kommunikation eller för att delge ny personal viktigt information. Personen själv kan vara delaktig så mycket som denne önskar och kan.

Här nedan kommer ett förslag på ett kommunikationspass, men de kan självklart se väldigt olika ut och bestå av mer bilder eller bara text, om man skulle önska det.

Man kan ha mer information eller mindre, om man önskar så.

KOMMUNIKATIONSPASS

Jag heter Martina

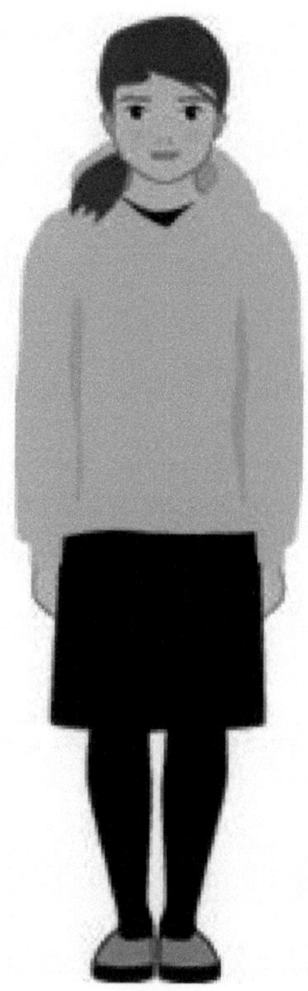

Bild: Tonåring, Flicka(Linn Greaker Design, Bildstod.se)

Läs den här boken!

Fråga mig om jag vill vara med och läsa.

Boken berättar hur du kan lära känna mig och hur jag kommunicerar.

Innehåll

Om vem jag är

Jag heter Martina Karlsson och är snart 21 år.

Jag är född 2001 och har födelsedag den 7 augusti.

Jag bor på Oliervägen 37, i Olivenlund.

Mitt telefonnummer är:
012-345 67 89

Jag arbetar på den dagliga verksamheten

OLIVTRÄDET.

Bild: Olivträd(Arasaac symbol set, Bildstod.se)

Min familj/ viktiga personer

Bild: Pappa och mamma/ förälder(Linn Greaker Design, Bildstod.se)

Brorsan Mats och Syrran Petra

Bild: Syskon, bror, syster(Arasaac Symbol Set, Bildstod.se)

JÄTTE VIKTIGT
Jag har diabetes och behöver insulin vid behov.
Medicin och information finns i medicinskåpet.

Jag kommunicerar så här

- Jag har ett stort ordförråd och pratar gärna om jag känner dig väl. Annars pratar jag inte alls eller är mycket fåordig

- Jag har oftast ett neutralt kroppsspråk, men när du känner mig väl, så kan du läsa av hur jag mår

- Jag kan prata med personer som jag känner väl, men jag pratar helst inte i telefonen. Jag kan svara eller ringa själv, om jag känner personen väl. Detsamma gäller med att skriva och svara på sms. Jag vet inte vad jag ska säga om det ringer eller skriver okända människor.

- När det gäller Facebook och Sociala medier, så har jag svårt att förstå sociala koder. Jag har kontakta några, men vet inte vad jag ska fråga om eller skriva.

Du kan hjälpa mig att kommunicera

- Du får gärna prata med låg volym och inte för fort
- Ställ gärna en fråga åt gången
- Prata gärna med få ord och korta meningar
- Ge mig tid att tänka och vänta tills jag har svarat
- Prata gärna om mina intressen och sådant som jag tycker om. Då kan jag slappna av
- Du får gärna skoja med mig
- Genom att använda samtalsmatta. Då får jag chansen att uttrycka vad jag tycker är roligt/ bra eller tråkigt/ dåligt
- Du får hjälpa mig ibland att välja mellan olika saker och situationer
- När jag är trött så vill jag att du datorpratar eller att du ritpratar med mig. Då kan jag slappna av och tänka lättare.

Jag tycker om/ mina intressen

Bild: Musik, musikgrupp(Arasaac Symbol Set, Bildstod.se)

Bild: Kamma djur(Mulberry Symbol Set, bildstod.se)

- Jag tycker om att lyssna på musik
  (titta på min skivsamling)
- Jag tycker om att spela synth
- Jag tycker om att gå på nöjesfältet Gröna & Svarta Oliven
- Jag tycker om att spela Tv-spel
- Jag tycker om att träffa vänner
- Jag tycker om att träna på gymmet

- Jag tycker om min katt Dagny, som jag brukar kamma

- Jag tycker om att se komedifilmer

Jag tycker inte om/ kan vara rädd för

- Att gå till tandläkaren och läkaren
(se i min pärm, vilka rutiner som finns kring tandläkare/ läkarbesök)

- Höga ljud och starka ljus

- Att åka kommunala färdmedel. Jag åker inte alls buss, tåg, båt eller flyg.

- Att åka bil med personer jag inte känner

- Förändringar. När jag inte vet vad som ska hända

Saker jag kan

- Jag kan hjälpa till med praktiska saker i hemmet, de dagar jag orkar. Exempelvis att duka, dammsuga och vika tvätt

- Jag borstar tänderna och duschar själv

- Jag klär på mig alla kläder själv, men du får gärna ta fram en varm jacka om det är kallt ute.

- Jag är duktig på data och Tv-spel

- Jag läser och skriver och är duktig på engelska

Viktigt att veta

- Att jag har dåligt minne och behöver bli påmind om saker

- Jag vet inte vilken dag/ månad det är och behöver hjälp med all planering

- Att du inte ställer krav på mig och alltid anpassar mina dagar, efter vad jag orkar

- Prata inte mycket, när jag är trött eller orolig över något

- Jag klarar inte stress och vill bli förberedd i lagom tid, när jag ska åka iväg någonstans
(läs mer i min pärm om förberedelser till tandläkare och övriga vårdkontakter)

- Jag är känslig om personer omkring mig är arga och högljudda. Om någon höjer rösten, smäller i dörren eller kastar saker. Jag behöver lugn och ro och ett lugnt bemötande.

Jag behöver hjälp med

- Att hålla kontakten med släkt, vänner, vårdkontakter och myndigheter
- Att kommunicera med okända människor oavsett vilken miljö jag befinner mig i, både i mitt hem och utanför hemmet
- Att planera allt, vad som ska hända,
- Att sköta inköp och betala räkningar
- Att tvätta och sortera in tvätten i skåp och lådor
- Att göra vissa val, mellan olika situationer och saker, de gånger jag inte kan det själv

Aktuella händelser

När det är grillsäsong, så brukar jag åka med min familj och grilla kyckling och spela spel hos min moster Mona. Vi grillar fler gånger under sommaren och ibland på vintern.

Bild: Grilla(Bildstod.se) Bild: Grillad kyckling(bildstod.se)

TACK ATT DU TOG DIG TID

ATT LÄSA

Elektroniska källor:

Västra götalandsregionen(2020). Dart – *Alternativ och kompletterande kommunikation(AKK): Om mig.*
https://www.vgregion.se/ov/dart/fardigt-material/ [2022-02-18]

Uppdaterat 2022-03-15

9 – Dokumentation: Exempelvis med Individens behov i centrum, IBIC, som kan bidra till att underlätta samverkan

Att vi som personal dokumenterar kan vara avgörande för hur de personer vi arbetar med ska få rätt hjälp och stöd. Det finns säkert flera olika dokumentations system och jag kommer bara nämna ett här i boken.

I det här kapitlet, beskrivs lite kort om vad dokumentation enligt IBIC innebär.

På baksidan av boken *Smart, tryggt & säkert,* kan man läsa:

> IBIC är framtaget av Socialstyrelsen och är ett gemensamt arbetssätt och språk. Kunskap och tillämpning av social dokumentation enligt IBIC får omedelbara, positiva effekter för både brukare och verksamheter. Det är dessutom ett lagstadgat krav att dokumentera utifrån ett rättssäkerhetsperspektiv. När kunskap om och förståelse finns för vad det innebär och vilken funktion det fyller, ökar intresset och motivationen att dokumentera(Gustavsson, 2017).

Gustavsson menar att IBIC är ett gemensamt språk och arbetssätt och att det är bra för samverkan mellan verksamheter och för brukaren(2017, s. 26).

ICF, används i omvårdnadsverksamheterna och är ett gemensamt språk, mellan kommun och landsting, som bidrar till ökad förståelse och bättre samverkan(Gustavsson, 2017, s. 27). Det gemensamma språket, gör att det blir mindre missförstånd, då handläggare, vårdpersonal, daglig verksamhet, boenden osv använder samma språk(Gustavsson, 2017, s. 41).

Handläggare ska först beskriva vad brukaren själv bedöms kunna (salutogent tänk), för att sedan beskriva vad brukaren kan behöva stöd med i aktiviteten(Gustavsson, 2017, s. 28)

Så här beskriver Gustavsson(2017) insatsstyrt respektive behovsinriktat tankesätt:

> **Insatsstyrt:**
>
> Den enskilde får de insatser som finns i kommunen. Brukaren blir beviljad någon/ några av de insatser från en "lista" med insatser som han eller hon bedöms ha rätt till utan att någon

mer detaljerad kartläggning görs av vad brukaren kan och inte kan själv.

Behovsinriktat:

Handläggaren är noggrann med kartläggningen av den enskildes förmågor och behov utifrån synsättet att man ska fokusera på vilka förmågor den enskilde har inom olika områden. Sedan undersöks vad man eventuellt behöver kompensera för att hjälpa till med. Därefter arbetar omsorgspersonalen behovsinriktat med brukaren. Det innebär att han eller hon får stöd utifrån sitt behov och får möjlighet att göra så mycket som möjligt själv. Ett behovsinriktat tankesätt i utförarverksamhetens innebär att personalen är uppmärksam kring brukarens individuella behov samt om behoven förändras. Att i journalanteckningar dokumentera förändringar kring vad brukaren klarar och behöver stöd med, och att revidera genomförandeplanen utifrån det, är en del av deras uppdrag.

Gustavsson(2017), skriver att brukarens behov av stöd, hjälp och egna förmågor beskrivs i olika livsområden. De 11 livsområdena/ rubrikerna är:

- Lärande och att tillämpa kunskap
- Allmänna uppgifter och krav
- Kommunikation
- Förflyttning
- Personlig vård
- Hemliv
- Mellanmänskliga interaktioner och relationer"
- Utbildning, arbete, sysselsättning och ekonomiskt liv
- Samhällsgemenskap, socialt och medborgerligt liv
- Känsla av trygghet
- Personligt stöd från person som vårdare eller stödjer en närstående

Hon menar att inom olika moment kan en person :

Klara sig självständigt eller ha behov av stöd och hjälp(s. 43).

Vidare att genomförandeplanen bygger på livsområdena, i de flesta kommunerna(s. 44).

Gustavsson(2017), beskriver relaterade faktorer och menar att en person med samma diagnos kanske inte behöver samma insats. Andra faktorer kan spela in vad man behöver.

Relaterade faktorer:

- Kroppsfunktioner
- Kroppsstrukturer
- Omgivningsfaktorer
- Personfaktorer
- Hälsotillstånd(s. 50-52).

UPPDRAG FRÅN HANDLÄGGAREN TILL UTFÖRAREN:

De ska ta med:

Relaterade faktorer:

Relaterade faktorer ger information om den enskilde som är viktig, till exempel hur bostaden är utformat, hjälpmedel, eventuell anhörig som ger stöd, orsaker till funktionsnedsättning, övrigt relevant samhällsstöd.

Aktuella livsområden:

Uppgifter kring brukarens egna förmågor och behov i de livsområden **som personen uppger sig ha behov av hjälp och stöd med.**

Bedömning av behov och målsättning:

I "Bedöma behov" framgår bedömningen i de livsområden som brukaren har uttryckt behov av stöd med och vad han eller hon klarar själv i de aktiviteterna. Här anges brukarens nulägesförmåga i en aktivitet och vad som är målet vid nästa handläggaruppföljning. Nuläget beskrivs under "Bedömt funktionstillstånd" och målet under "Avsett funktionstillstånd".

Målsättningen för brukarens förmåga i aktiviteten är överenskommen med den enskilde – om den inte är det ska det framgå. I uppdraget framgår även övergripande målsättning med beviljad insats.

Beslut:

Beslutet anger vilka beviljade insatser som ska tillgodose de beskrivna behoven samt vilken tidsperiod beslutet gäller(Gustavsson, 2017, s. 53-54).

I uppdraget är det tydligt angivet vem som har uppgett informationen. **Det är en del i IBIS:s systematik att informationen i uppdraget är uppdelad under rubrikerna:**

- Uppgifter från individen
- Uppgifter från andra

(Gustavsson, 2017, s. 53-54).

Handläggaren gör en bedömning kring hur stor begränsning brukaren har i aktiviteten utifrån följande skala:

- Ingen begränsning - 0-4% nedsättning av egen förmåga
- Lätt begränsning – 5-24% nedsättning av egen förmåga
- Måttlig begränsning – 25-49% nedsättning av egen förmåga
- Svår begränsning – 50-95% nedsättning av egen förmåga
- Total begränsning – 96-100% nedsättning av egen förmåga

Handläggaren anger hur brukaren klarar momentet i nuläget.

Nuläget kallas i IBIC **Bedömt funktionstillstånd** och anger brukarens förmåga i aktiviteten i nuläget.

Sedan sätter handläggaren och brukaren upp en målsättning för hans eller hennes egen förmåga i aktiviteten, som kallas **Avsett funktionstillstånd.** Det är målet vad gäller brukarens egen förmåga i aktiviteten vid nästa uppföljning.

(Gustavsson, 2017, s. 55)

Bedömt behov av insats

I uppdraget har handläggaren också gett en första anvisning om arbetsmetod. Handläggaren har tagit ställning till om utförargruppen bör genomföra insatsen och välja arbetssätt/ metod av en kompenserande karaktär eller om den ska vara av stödjande/ tränande karaktär.

Kompenserande insats betyder att brukaren behöver hjälp med aktiviteten och har svårt att aktivt delta själv och att omsorgspersonalen utför momentet *åt* brukaren. Även om insatsen är kompenserande bör personalgruppen ge brukaren möjlighet att vara så involverad som möjligt och ge honom eller henne inflytande i planeringen kring hur insatsen utförs.

Stödjande/ tränande insats betyder att brukaren på något sätt aktivt ska delta i insatsen/ aktiviteten. Vid stödjande/ tränande insats är målsättningen ofta att öka eller bibehålla brukarens egen förmåga.

Om det i uppdraget står ”Behovet kan tillgodoses på annat sätt” eller att ”Behovet tillgodoses på annat sätt”, betyder det att det inte är utförargruppen som ska stötta och hjälpa brukaren med den aktiviteten.

(Gustavsson, 2017, s. 56-57)

Övergripande målsättningar

I uppdragen finns avslutningsvis ett eller flera övergripande mål med de beviljade insatserna.

De övergripande målsättningarna är hämtade från lagtexterna, från SoL och LSS, och skrivs inte i fritext av handläggarna. Det finns 19 färdiga att välja från utifrån IBIC.

De övergripande målsättningarna följs upp av både utförarverksamheten och handläggaren.

Exempel på övergripande målsättning enligt IBIC är:

- Möjlighet att leva och bo självständigt under trygga förhållanden(SoL – äldre personer)
- Frigöra och utveckla den enskildes resurser(SoL – alla åldrar)
- Främja full delaktighet i samhällslivet(LSS – personer med funktionsnedsättning)

- Stärka förmågan att leva ett självständigt liv(LSS – personer med funktionsnedsättning)

(Gustavsson, 2017, s. 58)

Att upprätta en genomförandeplan enligt IBIC tillsammans med brukaren

När uppdraget har kommit till utförargruppen är det dags att planera hur man ska arbeta tillsammans med brukaren. I en *genomförandeplan* gör man en överenskommelse tillsammans med brukaren om **hur, när** och **vem**(brukare eller omsorgspersonal) som ska göra **vad** i olika delar av aktiviteten.

När man upprättar genomförandeplanen ska man utgå från de bedömda behoven. Man kan med fördel skriva genomförandeplanen i "jag-form" utifrån brukarens perspektiv, för att tydliggöra att det är brukarens plan och överenskommelse om hur stödet ska ges.

Målen med insatsen ska framgå i genomförandeplanen. Brukaren och personalen kan planera in delmål. I genomförandeplanen bör det framgå när nästa uppföljning av den är planerad. Det ska framgå vilka personer som har varit delaktiga i upprättandet samt på vilket sätt brukaren har varit delaktig.

Hur mallen för genomförandeplanen är utformad i datorsystemet ser olika ut för de kommuner som följer IBIC:s systematik.

Med IBIC:S systematik skrivs genomförandet ner under det livsområde som behovet gäller. När man upprättar genomförandeplanen utgår personalen och brukaren från bedömt funktionstillstånd – nuläget – och planerar insatsen sa att man kan nå målet – avsett funktionstillstånd(Gustavsson, 2017, s. 68).

Att skriva journalanteckningar enligt IBIC

Som omsorgspersonal ska man skriva löpande anteckningar om hur det går med brukarens insatser när det förekommer avvikelser från genomförandeplanen. Genomförandeplanen anger som tidigare nämnts hur insatserna är planerade att genomföras.

En avvikelse från genomförandeplanen handlar oftast om tre olika saker:

1. En insats utförs inte

2. Brukaren klarar *mer* själv än tidigare

3. Brukaren klarar *mindre* själv än tidigare

Löpande journalanteckningar kan kategoriseras utefter vilket eller vilka livsområden det handlar om. Man anger det eller de livsområden som händelsen handlar om som rubrik/ nyckelord/ sökord(olika namn i olika datorsystem). Att kategorisera anteckningarna efter livsområden är en rekommendation från Socialstyrelsen.

Om datorsystemet tillåter kan man ange rubriker på de anteckningar som berör insatserna, och välja det livsområde som insatsen handlar om. Anledningen till att rubriksätta anteckningar är för att man ska kunna söka ut hur det har gått med brukarens insatser och förmågor. Det gäller både för uppföljning av verksamheten och för handläggarens uppföljning.

Om man vid uppföljning söker upp alla anteckningar som handlar om exempelvis Personlig vård, ger det värdefull information för hur det har gått kring det behovet av stöd. det kan visa sig att brukaren har fortsatt stora behov av insatser för att klara sin tillvaro, eller att brukaren har förbättrats och numera klarar det mesta själv(Gustavsson, 2017, s. 75-76).

Genomförd/ inte genomförd insats

Enligt metoden IBIC så ska utförargrupperna systematiskt dokumentera insatser som inte genomförs. Syftet med detta är även här att vi kan söka ut hur det har gått med insatser och att översikten ska möjliggöra att man ser orsakssamband.

Socialstyrelsen föreslår att man strukturerar dokumentet efter orsak till att insatsen inte är genomförd – ligger orsaken hos utförarverksamheten eller är det på begäran från den enskilde. Hur man formulerar de fasta svarsalternativen får kommunerna själva välja(Gustavsson, 2017, s. 77).

Andra journalanteckningar

Händelser av vikt som inte direkt är kopplade till livsområdena är också aktuella att dokumentera. Det handlar om faktiska omständigheter som är viktiga, t.ex. att uppföljning av genomförandeplanen är gjord eller att en anhörig ringt och frågat eller lämnat uppgifter. Då används ofta andra rubriker än livsområdena.

Utförarverksamheten följer upp genomförandet

Hur går det med insatserna, jobbar omsorgspersonalen med rätt saker, på rätt sätt?

Är brukaren nöjd med det stöd hon eller han fått? Har brukaren det stöd han eller hon har rätt till? Klarar brukaren mer eller mindre än tidigare, har behoven förändrats?

Dessa frågor ska man regelbundet ställa sig som utförarverksamhet, både för verksamhetens egen skull och för brukarens .

När man dokumenterar uppföljningen, och utvärderar arbetsmetoder, är syftet att säkerställa att brukaren får det stöd han eller hon har behov av och rätt till. Brukaren ska kunna följa hur det går med det stöd som han eller hon beviljats. Socialstyrelsen har tydliggjort utförarverksamhetens skyldigheter att dokumentera uppföljningen av beviljade insatser; från den 1 januari 2015 ställs högre krav på dokumentationen kring utförarens arbete med att följa upp insatser.

Det ska i dokumentationen framgå hur och när uppföljningen är gjord och om utföraren har använt standardiserade bedömningsmetoder som en del i uppföljningen(exempelvis behov inom livsområden och måluppfyllelse enligt arbetssättet IBIC). I dokumentationen av uppföljning ska det också framgå hur brukaren uppfattar genomförandet av insatsen i förhållande till sina behov och önskemål.

Utförarverksamheten ska göra en bedömning av brukarens situation och det ska dokumenteras om man vid uppföljningen uppmärksammat behov av åtgärder i någon form(Gustavsson, 2017, s. 78).

Uppföljning med arbetssättet IBIC

En bra uppföljning där aktuell information kommer fram, gör att det stöd man ger blir ännu bättre och att man verkligen utformar stödet så att det blir individuellt anpassat. Utöver frågor kring kvalitet på insatsen, exempelvis bemötande från omsorgspersonal och brukarens förtroende för personalen, kan man vid uppföljningen av genomförandeplanen även använda systematiken i IBIC för att följa upp **brukarens behov och hur det går med målen för insatserna.** Det görs i de olika livsområdena samt genom de övergripande målen med insatserna. Denna del av uppföljningen görs strukturerat genom att klicka i de förbestämda alternativen.

När man som omsorgspersonal följer upp genomförandet sammanställer man information om brukarens behov och förmågor i en nulägesbild. informationen inhämtas genom samtal med brukaren och från den dokumentation som utförarverksamheten har skrivit gällande brukarens insatser – genomförandeplanen och journalanteckningar.

Vid samtycke från brukaren kan man också kontakta eventuella anhöriga eller andra professioner för information.

Utförarverksamheten sammanställer nuläget och brukarens behov, och gör en bedömning om brukarens nuvarande situation. Utförarverksamheten jämför nuläget kring brukarens förmågor med den tidigare målsättningen för att se om insatserna har haft den effekt som det var tänkt när han eller hon beviljades stöd och hjälp.

Vad gör vi med det som framkommer i uppföljningen?

Uppföljningen kan leda till flera olika resultat, och det viktiga att tänka på blir: vilka åtgärder behövs från utförarverksamheten? Att göra uppföljningar utan att ta ställning till vad de leder till, eller att inte agera på det som framkommer vid uppföljning, kan ses som slöseri med både omsorgspersonalens och brukarens tid.

Uppföljningarna kan resultera i att utförarverksamheten:

- Reviderar genomförandeplanen – justerar arbetssätt eller delmål i genomförandeplanen. vid stora förändrade behov, som att brukaren blivit självständig och inte längre behöver en insats eller att brukaren har fått svårigheter och behöver en ny bedömning av behov, kontaktas handläggare för att informera om att behoven är förändrade.
- Kontaktar enhetschef – för stöd eller för kännedom gällande uppgift från brukare eller anhörig
- Kontaktar annan aktör(med samtycke från brukaren) – kanske behövs kontakt inom hälso- och sjukvård, konsultation av arbetsterapeut, sjukgymnast, sjuksköterska?

Handläggaren följer upp beslutet och rätten till insats

Vid uppföljning av handläggaren så är syftet att utvärdera och se hur det beviljade biståndet har fungerat och om målet med insatserna är uppnått.

Handläggaren har samma krav kring dokumentationen av uppföljning som utförarverksamheter. Vid uppföljning inhämtar handläggaren fakta gällande brukarens nuläge på nytt för att få en nulägesbild. Handläggaren inhämtar information genom samtal med brukaren, vid samtycke även med eventuella anhöriga och omsorgspersonal som jobbar med brukaren. Information inhämtas också från den dokumentation som utförarverksamheten har skrivit gällande brukarens insatser – genomförandeplanen och journalanteckningarna. Vid uppföljning har handläggaren, liksom som tidigare nämnts utförarverksamheten, nytta av att dokumentationen hanteras lika med ett gemensamt och strukturerat arbetssätt, att vi har arbetat enligt IBIC.

Med den nya informationen gör handläggaren en bedömning om personen har fortsatt behov av de insatser som han/ hon beviljats. Handläggaren jämför nuläget kring brukarens förmågor med den tidigare målsättningen för att se om insatserna har haft den effekt, som det var tänkt när han eller hon beviljades stöd och hjälp.

Brukaren kan ansöka igen om ytterligare insatser eller uppge att denne vill avsluta insatser.

Arbetssättet IBIC ger bättre underlag till uppföljningar, det blir bättre för brukarna eftersom det blir tydligare, mer lika hanterat och därav mer rättssäkert. Ledningen kan följa verksamheternas resultat genom att det finns underlag till att ta fram statistik kring brukares behov och olika verksamheters måluppfyllelse.

Uppföljningen från handläggaren kan resultera i:

- Att behovet av samma insatser som tidigare kvarstår – med samma eller förändrade mål
- Att brukaren beviljas nya eller andra insatser
- Att insatser avslutas
- Informationsöverföring från handläggaren till utförarverksamheten med synpunkter på kvaliteten i insatserna.

(Gustavsson, 2017, s. 78-82)

Källa:

Gustavsson, Sofia(2017). Smart, tryggt & säkert: Dokumentation enligt IBIC. Helsingborg: Komlitt.

Olika personers tankar om IBIC:

1 Johan och Louises tankar om IBIC.

Efter att vi har läst om dokumentation enligt IBIC, så tror vi att det är ett bra sätt att dokumentera på för individens bästa, då ansvariga professioner omkring personen ska sätta Individens behov i centrum. Vi tror att IBIC bidrar till att det blir en tydligare handläggning och att det då är lättare för individen att förstå de olika besluten kring insatser. Vi skriver vad vi tycker och tror och hänvisar till fakta från vissa källor.

I Kommunen där vi jobbar, så håller handläggare på att utbilda sig i systemet IBIC, vilket vi tror kan vara bra. Vi ska själva få börja använda IBIC inom något år.

Vi tycker att det är viktigt att se till varje individs behov och göra en mer specifik utredning kring dem, att använda ett mer behovsinriktat tankesätt. I boken Smart, tryggt och säkert, tycker vi att Gustavsson(2017) berättar om IBIC på ett enkelt och bra sätt. Hon beskriver kort IBIC´s tre olika delar/ block, som är IBIC grund. Det är det behovsinriktade tankesättet med brukaren i fokus, det gemensamma språket som kallas ICF och systematik, ett gemensamt sätt att dokumentera(s. 34). Hon skriver om ICF, Internationell klassifikation av funktionstillstånd, funktionshinder och hälsa, att ICF beskriver vad som möjliggör eller hindrar en människas hälsa och välmående(s. 41).

Vi tror det är lättare att förstå en individs behov när alla yrkesgrupper använder samma begrepp, som betyder samma sak för alla som använder arbetssättet.

Socialstyrelsen(2016), menar att IBIC bidrar bland annat till att det blir ett bättre underlag för att planera och genomföra en insats oavsett vilken boendeform individen är beviljad(s. 10). Vi tror det är viktigt att ett underlag behöver vara tydligt och behoven detaljerade för att individen ska få rätt stöd och hjälp, som denne har rätt till.

Gustavsson(2017), beskriver skillnaden på insatsstyrt och behovsinriktat tankesätt(s. 38). Vi upplever att det är lättare att individen kommer att få sina behov tillgodosedda och rätt insatser beviljade om det görs en kartläggning kring vad personen kan och behöver för stöd och hjälp med inom olika livsområden, än om personen bara får en insats beviljad som hen bedöms ha rätt till, men utan en grundläggande utredning i botten. Vi tror att alla tjänar på att arbeta utifrån IBIC i längden, om det görs noggranna utredningar, så är chansen att varje individ får rätt insats snabbare.

Gustavsson(2017) skriver att man utgår från de 11 livsområdena, för att se vad personen klarar inom varje livsområde och hur mycket stöd och hjälp personen behöver(s.43). Det tror vi är bra, då det blir tydligt för både individen själv och handläggaren vilka stödinsatser som behövs.

Gustavsson skriver även att man tar hänsyn till relaterade faktorer(2017, s. 50). Vi tror att information om brukaren är viktigt så som exempelvis bostad och familjeförhållanden och att individens situation kan påverka dennes behov. Det tror vi är viktigt att ta hänsyn till då personer med samma funktionshinder kan vara väldigt olika varandra.

Det systematiska arbetssättet som socialstyrelsen(2016), skriver om, består av processaktiviteterna, att utreda, att utforma uppdrag, att genomföra uppdrag och att följa upp(s.11-12). Vi tror att alla dessa delar är viktiga och att utredningen är viktig att göra detaljerad och noggrann, så att handläggaren kan skriva ett rättvist uppdrag och utförarverksamheten har då lättare att utföra uppdraget, så att personen får den hjälp och det stöd, de insatser som ska vara individuellt utformade till den speciella personen. Sedan är det viktigt att det görs uppföljning. Att man följer de utsatta datumen som är förbestämt. Om det under tiden visar sig att det behöver göras en uppföljning tidigare, om insatserna inte verkar flyta på så som det är tänkt, så tror vi att det är viktigt att kunna vara flexibel som personal och handläggare och se över hur insatserna fungerar och eventuellt behöver förändras. Socialstyrelsen(2016) skriver om vikten av att följa upp beslutet regelbundet(s.27). De poängterar också vikten av att det ibland finns behov av ökat samarbete och bra informationsöverföring mellan utförare och handläggare. Vi tänker att det kan bli svåra konsekvenser för individen om utförare inte får rätt information ifrån handläggaren och att insatsen kan få ett helt annat utförande än vad individen har behov av. Socialstyrelsen har tagit fram IBIC, som ett arbetssätt, för social dokumentation(Gustavsson, 2017, s. 10), vilket vi tror gör så att möjligheterna är större att informationen mellan handläggare och utförare hamnar rätt.

Socialstyrelsen(2016), skriver om ICF, Internationell klassifikation av funktionstillstånd, funktionshinder och hälsa. Att ICF(som utgår från WHO:s betydelse av hälsa)utvecklades för att vara ett komplement till Internationell statistisk klassifikation av sjukdomar och relaterade hälsoproblem, ICD -10, som ligger till grund för diagnoser av olika skador, sjukdomar och störningar(s.16). Vi tycker det är bra och viktigt att det finns internationella modeller som grund för definition av hälsa. Att det förs statistik och görs jämförelser i olika länder, så man kan lära av varandra.

När vi läser om IBIC, och tänker betydelsen av individens behov i centrum, så känns det som att det är lättare att individen ska få sina insatser beviljade lättare, så att de verkligen får sina behov utifrån Lagen som stöd och service för vissa funktionshindrade, 7§. Socialstyrelsen(2016), skriver att individen ska få goda levnadsvillkor genom insatserna. Även att insatserna ska vara samordnade och varaktiga. De menar att insatserna ska vara anpassade till individens behov och att de ska vara utformade och lätt tillgängliga. Vidare att de ska stärka personens förmåga att leva ett självständigt liv, utifrån Lss, §7.

De skriver också om att målet ska vara att varje individ ska få möjlighet att leva som andra, utifrån Lss, §5(s.23).

Vi tycker det är viktigt att alltid ha tankar på vad lagen säger i bakhuvudet. Vi ska följa lagen och de personer vi arbetar med har rätt till att få rätt insatser, rätt bemötande, rätt hjälp och stöd. Annars kan vi vara bidragande orsak till att stoppa deras utveckling och stå i vägen för att kunna vara stöd så att individen ska få Goda levnadsvillkor.

Vi måste vara lyhörda och se hur individen mår och vad personen förmår. Med IBIC som grund, så tror vi att förutsättningarna blir bättre att få rätt insatser från början.

Socialstyrelsen(2016), skriver om vikten av bemötande av anhöriga och att samverka med dem(s.28). Den frågan tycker vi är viktig. Vi har erfarenhet av att ha goda kontakter med anhöriga och brukar fråga mycket och ta all information vi kan ifrån dem(om samtycke finns). Det gör vårt arbete lättare. Vi kan få tips och råd i hur vi kan bemöta och vilket stöd vi kan ge en individ som vi jobbar med. Det är värdefullt och underlättar vårt arbete och ger en positiv samverkan mellan daglig verksamhet och anhöriga. Det gynnar individen positivt.

Gustavsson(2017), skriver om en tydlig plan. Att säkra hållbarheten, genom att bygga upp en särskild förvaltarorganisation kring IBIC. Det behöver finnas flera kunskapsbärare i förvaltningen(s. 89). Det tror vi är en stor fördel, för att arbetssättet ska kunna fortgå och utvecklas och etableras till ett tryggt och säkert arbetssätt som består.

Källor:

Socialstyrelsen(2016). Individens behov i centrum, IBIC.

https://www.socialstyrelsen.se/globalassets/sharepoint-dokument/artikelkatalog/vagledning/2016-6-26.pdf [2020-08-20]

Gustavsson, Sofia (2017). Smart, tryggt & säkert. Dokumentation enligt IBIC. Helsingborg: Komlitt

2 Mia: - Jag tror att IBIC kan vara en bra dokumentationsmetod, då jag tycker det är jätte viktigt att vi ser till individens behov och utgår från vad personen klarar på egen hand och behöver stöd med. Att uppdragen är baserade på individens behov när utförarna tar emot uppdragen. Jag tror det på så sätt är lättare att göra en planering för utförarna, som gagnar den enskilde. I den kommun jag jobbar, så håller IBIC på att implementeras. Handläggare har sedan en tid fått börja utbildning i IBIC.

Jag tror det kan vara bra med fasta svarsalternativ som ger en tydlighet och är lätt att förstå, men jag tror det behöver kompletteras med någon del av fritext, i vissa situationer. Annars tror jag det kan vara svårt att få det personligt utformat efter varje individs speciella behov.

Jag tror det behöver finnas en bra grundläggande utbildning i IBIC för dem som ska arbeta med metoden. Att personalen får den tid som behövs för att känna sig trygga i sin dokumentation. Jag tror också det är bra om det finns ett dokumentationsombud i verksamheten, som är tillgänglig, när det dyker upp frågor. Speciellt i start skedet.

3 Lisa: – Jag tycker att det är viktigt att behoven blir tydligt kartlagda. Jag har upplevt att det ofta blir brister, då det är stor personalomsättning både på boenden och daglig verksamhet. Tyvärr kommer det ofta nya handläggare. Om dokumentationen inte är lättåtkomlig och inte tillräckligt tydlig så kan det tyvärr tas beslut som inte alltid gagnar individen. Kanske IBIC kan medverka till att dokumentationen blir tydligare, än andra system.

4 Anna: - Vad gäller tolkningar av personers behov och hur dessa ska tillgodoses, så tror jag det är något av det svåraste vi har att göra med inom våra yrken. Ofta tycker och tänker alla som jobbar inom LSS olika. Jag tror att med utbildning inom IBIC, så kan man lägga fram individens behov på ett konkret sett, när man diskuterar med kollegor. Vad gäller biståndshandläggare och omsorgspersonal och vem som ska definiera och tolka individens behov och hur de ska tillgodoses, är svårt att säga. Man hoppas att handläggaren har fått en god detaljerad information från individen själv och/ eller närstående och omsorgspersonalen likaså. Samverkan har stor betydelse. Med ett tydligt dokumentations system som IBIC kan förutsättningarna vara större att individen får rätt insatser, stöd och hjälp, om de viktiga detaljerna också kommer med.

5 Bernt: - Jag har tidigare erfarenhet av en arbetsplats, där vi personal var tvungna att arbeta utifrån arbetsplatsens policy, där individens behov inte togs på allvar, vilket medförde konsekvenser för individen. Vi dokumenterade inte kring vilka konsekvenser det medförde. Vi fick inte upplysning om vikten av att dokumentera, av vår chef.

Jag vill säga att vi idag arbetar utifrån individens behov i verksamheten där jag jobbar. Vissa enheter jag har arbetat på har haft en stadig grund att stå på och då har vi arbetat mycket utifrån individens personliga behov och förutsättningar. Det som jag ibland kan uppleva är svårt, är placeringen av personer i verksamheten. Jag kan se att det har en stor betydelse hur den sammansatta gruppen av deltagare/ brukare är, om varje individ ska få en fungerande dag. Kanske det kan vara en fördel att arbeta utifrån IBIC, då behoven blir tydligare, vad personen behöver stöd och hjälp med och hur stöden behöver utformas. Kanske det då är lättare att placera individen rätt, så det blir bra för alla i en verksamhet. Jag har vid några tillfällen varit med om att det har varit mycket svårt att få ihop en fungerande verksamhet, då personalen upplevt att brukare/ deltagare inte fått rätt placering. Då kan det vara svårt att tillgodose varje individs behov. Jag tror att en verksamhet behöver ha en stadig grund att stå på, för att kunna bygga vidare och utvecklas. Jag tror det är viktigt att det blir rätt miljö, för dem som placeras i verksamheten. Som man brukar säga "rätt person, på rätt plats".

6 Cathrin: - Jag tror det är viktigt att få ta del av personens resurser, begränsningar och bedömningsfaktorn. Man får en mycket tydligare bild av personen om man får ta del av den informationen. Ju tydligare bild desto lättare för oss som arbetar är det att hitta rätt bemötande och ställa rätt krav. Jag tror IBIC kan vara till stor hjälp här.

Vi har tydliga rutiner kring dokumentation på vår arbetsplats. Vi är noga med att skriva genomförandeplaner och göra uppföljningar i tid. Vi läser personens beställning av insatsen och de mål som biståndshandläggaren har skrivit där. Ibland är de diffusa och då försöker vi specificera målet i genomförandeplanen, utifrån individens behov, intressen och önskemål.

7 Micke: - Jag tror det viktiga är att lyssna och att vi måste försöka ge personen förutsättningen att få vara delaktig i sina beslut, så lång det går. Kanske IBIC kan motivera den enskilde att vara delaktig.

8 Eva: - Jag tror en förvaltningsorganisation kan vara bra och viktig. Att nyanställda får en utbildningsplan, repetitions och vidareutbildning. Jag tror det är bra att få repetera delar av IBIC utbildningen på arbetsmöten, ju mer vi tränar desto bättre sitter det i ryggraden. Jag förespråkar **behovsinriktad verksamhet,** då personalen utför sitt uppdrag utifrån den information de har fått om vad brukaren klarar själv och vilka behov hen har. Personalen gör vad som behövs. Det som är extra viktigt med "behovstänket", är att det är en tydlig detaljerad information, som stämmer överens med verkligheten, och att målsättningen är tydligt formulerad, annars kan personen riskera att inte få sina behov tillgodosedda och nå målet. Vi måste våga säga till om den enskilde är i större behov av hjälp, än den bedömning som handläggaren har gjort.

Den **insats styrda verksamheten,** där man jobbar på ett liknande sätt med de flest brukare, kan vara bra, men jag tror att det i de fallen hänger mycket på personalen och personalens inkännande av individen. För även om man ska arbeta på samma sätt utifrån insatsen, så behöver vi vara lyhörda och anpassa tillvaron för individen.

9 Tommy: - Vi försöker planera och utgå från varje individs intressen, för att alla ska få meningsfulla dagar där jag jobbar. Det är ibland svårt, att tillgodose allas intressen, beroende på omständigheter.

Jag tror att användning av IBIC, ger en tydlighet till personal, brukare och anhöriga, som gör det lättare att förstå besluten kring insatsen och hur den ska utföras. På min arbetsplats har genomförandeplanerna sett väldigt olika ut, men jag tycker arbetsledningen mer och mer påpekar och påminner om vikten att dokumentera och hur vi ska dokumentera och hur vi ska formulera målen i genomförande planen, utifrån smarta mål. När vi dokumenterar ska vi undvika vissa ord och formuleringar och fatta oss så kort som möjligt och inte lägga in våra egna värderingar i det vi skriver. Det upplever jag att många av mina kollegor försöker göra. Jag tror IBIC ger en ökad tydlighet för oss personal.

10 Peter: - Jag tror att det är viktigt att använda sig av begränsningsinstrument och mäta vilken begränsning den enskilde har. Det kan vara till nytta för personal på daglig verksamhet eller boende att veta. Då kan man ha rätt förväntningar och ställa rätt krav på personen och ge det stöd som behövs. Kanske bara finnas vid sidan, med händerna på ryggen, eller ge aktivt stöd eller kompensera helt i vissa situationer.

Jag tror handläggaren behöver få mycket information från och om personen, innan bedömningen görs för att få en rättvis bild av begränsningar och behov.. Jag tror det oftast/ alltid är viktigt med att lägga till en detaljerad fritext. Jag anser i många fall att samverkansmöten är viktiga.

11 Daniella: Socialstyrelsen skriver om bemötande av anhöriga och att samverka med dem. Den frågan tycker jag är viktig. Jag har erfarenhet av att ha goda kontakter med anhöriga och brukar fråga mycket och ta emot den information jag får från dem(om samtycke finns). Det gör mitt arbete lättare. Jag kan få tips och råd i hur jag kan bemöta och vilket stöd jag kan ge en individ som jag jobbar med. Det är värdefullt och underlättar mitt arbete och ger en positiv samverkan mellan personalen och anhöriga. Det gynnar individen positivt.

Min erfarenhet är att anhöriga inte alltid blir lyssnade på och får inte alltid respekt från dem de har kontakt med. Min upplevelse är att vi personal ibland tror att vi vet bättre och känner personen bättre än vad de närstående gör. Jag har haft flera kollegor som agerar på det sättet.

12 Britt: - Som nybörjare av IBIC, så försöker jag tänka på hur vi kan använda livsområdena inom den verksamhet jag jobbar på. Så här tänker jag att det kan vara hos oss:

Personlig vård: Hur personen behöver stöd vid toalettbesök, matsituationer och medicinska ordinationer, då vi får delegering vid behov.

Förflyttning: Mellan rullstol och säng osv

Hemliv: Då deltagare får vara med och handla till verksamheten, diska, städa och tvätta och kasta sopor.

Kommunikation: Det finns många olika sätt att kommunicera på. Exempelvis med bilder och symboler, en del med teckenspråk, många med tal, en del via Iphad eller dator.

Mellanmänskliga relationer och interaktioner: Vi får ofta vara med och ge stöd i kontakt med andra deltagare. Provar olika spel och aktiviteter för att bygga relation och förtroende.

Känsla av trygghet: Vi försöker ge stöd till våra deltagare, i de situationer vi vet att det kan uppstå en otrygghet. Det vanligaste jag kan komma på är rädsla för hundar. Då vi ofta är ute på promenader, så får personalen gå i en position som "täcker" den som har hundrädsla och försöka sätta uppmärksamhet på något annat i möte med hund. Det brukar gå bra.

13 Veronica – Jag läste en kommentar i ett läkarutlåtande "X har ingen förmåga....". Det känns inte så salutogent.. att se till det friska. Personen hade säkert några eller flera egenskaper, som man kunde jobba med. Personen hade kanske klarat flera saker på sikt med rätt stöd och krav. Om det låg som ett underlag, så kan jag tänka att personen inte får så många chanser till utveckling, om inte personalen är lyhörd och försöker ändå. Att utgå från IBIC, ger större möjlighet än här, för att individen ska få rätt hjälp och utvecklas utifrån sina förutsättningar.

14 Kristina: - Det finns ibland fall där den enskilde inte önskar ha med anhöriga och det finns säkert orsak till det. De fallen tror jag är få, i alla fall vad jag har erfarit. Jag tror det är viktigt att lyssna, visa förståelse och bygga upp ett förtroende till den anhörige. Jag tycker det är bra att Socialstyrelsens dokument om Anhörigperspektivet och vikten av samverkan finns beskrivet i IBIC.

10 - Avslut: Det positiva med samverkan inom LSS

Det är enormt roligt och givande att arbeta inom LSS. Jag är tacksam för all erfarenhet jag har fått genom åren.

Att få vara med och göra skillnad och försöka påverka, om så i det lilla. Att se hur de personer man arbetar med lyser upp, skrattar och delar ut kramar, när man träffas. Att någon ropar ens namn när man är ute och går på stan och vill stanna och prata och kramas. Det kan vara personer med väldigt olika funktionsvariationer. Att få se deras glada ansikten när man möts. Höra eller observera det som de vill förmedla. För att få uppleva den enskildes glädje och se att de får ett bra liv, så behöver vi kunna samverka och även samarbeta. Jag kommer skriva mer om vad jag tror kan vara viktigt i ett samarbete inom LSS, i en annan bok.

Förhoppningen är att samverkan mellan verksamheter, anhöriga, vårdkontakter och myndigheter ska fungera bra. Det främjar individen och ger större förutsättningar för att den enskilde ska få ett bra liv med goda levnadsvillkor.